LE **MÉDECIN** DE **L'ÂME**

Observations Expérimentales de Douze Années
de Dédoublement Conscient dans
les Mondes Invisibles

Discovery Publisher

Titre original : Le Médecin de l'Âme
2018, Discovery Publisher

Auteur : Yram (Marcel Forhan)
Responsable d'édition : Adriano Lucca

616 Corporate Way
Valley Cottage, New York, 10989
www.discoverypublisher.com
edition@discoverypublisher.com
facebook.com/discoverypublisher
twitter.com/discoverypb

New York • Paris • Dublin • Tokyo • Hong Kong

TABLE DES MATIÈRES

LE **MÉDECIN** DE **L'ÂME**

Observations Expérimentales de Douze Années
de Dédoublement Conscient dans
les Mondes Invisibles

AVANT-PROPOS

Cet ouvrage remplace les trois volumes destinés primitivement à paraître sur ce sujet. Depuis la publication du tome *Aimez-Vous les Uns les Autres*, j'ai jugé que tous les éclaircissements ne convaincraient pas davantage l'individu obstiné dans ses utopies.

Quelques résultats de l'expérience, exposés d'une façon méthodique, quelques déductions sur certains problèmes obscurs de notre destinée, suffiront amplement à orienter vers ces études ceux qui voudront s'affranchir des superstitions et des erreurs de la vie actuelle.

Laissons aux êtres qui sont encore dans une période élémentaire de recherches, les enseignements de la souffrance. Pour nous, qui ne considérons pas la vie comme une affaire, nous allons essayer, au contraire, de réaliser une vie meilleure, plus consciente, débarrassée le plus possible des inconvénients de toutes sortes, qui sont autant d'obstacles à la Paix que nous désirons.

Tous les traités de morale peuvent se réduire à un schéma d'organisation rationnelle de nos motifs d'action. Dans le heurt des appétits, le bon sens et la logique ne suffisent plus pour apprécier comme il convient la valeur de ces motifs. Une confiance certaine, inébranlable dans les Principes de notre destinée est seule capable de donner à nos motifs d'action l'élan nécessaire à leur mise en œuvre.

La connaissance expérimentale de la vie, en dehors du monde physique, vient donner à cette confiance un caractère de certitude inconnu depuis de longs siècles.

Sans exagérer, l'on peut dire que la propagation de cette connaissance va faire entrer l'humanité dans une nouvelle période d'évolution.

Pour le profane, il y aura toujours des gens honnêtes et malhonnêtes. Pour l'initié, dont le regard pénètre une autre dimension, cette vague évolutive se traduit par une progression de la conscience, et il voit une foule d'êtres humains franchir les régions supérieures de la substance éternelle. Ceux-là ne reviendront plus. Libérés des obligations de reprendre un corps matériel, ils laisseront leur place à d'autres moins avancés.

Et dans quelques dizaines de siècles, l'ignorant d'alors s'écriera comme celui d'aujourd'hui que tous les efforts destinés à améliorer l'individu sont vains, parce que la souffrance et le désordre seront encore, dans une certaine mesure, le lot des habitants de la Terre.

Paris, le 13 avril 1926

PREMIÈRE PARTIE

Les Bases Expérimentales de l'Unité Scientifique,
Philosophique et Religieuse des Opinions et des Croyances

UNE NOUVELLE BASE SCIENTIFIQUE
DE PROGRÈS

Parmi les connaissances générales de notre époque, il est extrêmement difficile de se former une opinion rationnelle sur sa propre existence. Cette ignorance entraîne une quantité d'erreurs dans tous les autres domaines. Pour beaucoup de gens, le progrès social représente la seule réalité, et la politique actuelle consiste à imaginer un régime où chacun pourra faire ce qu'il lui plaît.

Cette utopie, entretenue soigneusement par des mercantis de toute catégorie, a déterminé une sorte de cristallisation de la pensée moderne. Science, religion, philosophie piétinent sur place. L'on écrit beaucoup, l'on pense moins. Et dès qu'un ouvrage aborde des questions demandant un effort de réflexion, il est remisé au fond d'un tiroir.

Aujourd'hui, tout le monde est pressé. Chacun veut obtenir des résultats immédiats, sans se soucier des causes qui les déterminent.

Et cependant, dans l'histoire de notre Race, jamais l'heure n'a été plus favorable à la réforme de nos idées, pour un plus grand progrès, vers le bonheur social.

Où va-t-on prendre l'idée mère, source des transformations futures ? Quel est le nouvel élément dont l'énergie va féconder nos connaissances de ses potentialités radioactives ? Sur quoi va-t-on se baser pour équilibrer la diversité des opinions et des croyances avec la saine réalité ?

Des hypothèses, il y en a trop ? La guerre récente a renversé chez beaucoup le château fragile des illusions généreuses. Les religions ne sont plus à la hauteur de leur tâche. La plupart manquent du sens commun le plus élémentaire. Quant aux arguments de philosophie scientifique, ils nous ramènent à l'âge des cavernes en exaltant le principe de nos origines animales.

Le raisonnement pur et simple ne suffit plus. Malgré la perfection de notre civilisation, la pensée moderne manque d'aliment. Les bases de la morale sont méconnues et l'âme humaine erre dans le vide des illusions et les espoirs chimériques.

Le grand problème qui se dresse et s'est toujours posé à l'imagination des hommes est celui de la Survie. Si nous pouvions connaître exactement ce que nous devenons après la mort, si nous pouvions savoir d'une façon certaine s'il est possible de vivre, de sentir, de voir, de penser, de comprendre, dans un autre monde, avec la même facilité que sur terre, quel progrès formidable nous accomplirions!

Sans exagération, l'on peut dire que ce serait la plus grande révolution qui ait jamais été accomplie dans tous les domaines de notre activité. Et s'il est un fait capable d'amortir une partie des souffrances humaines, l'on peut dire que la connaissance de cette énigme séculaire serait un des plus grands bienfaits que l'on puisse apporter à l'humanité.

Ce fait, cette certitude, cette connaissance, je viens vous donner les moyens de l'obtenir.

Il n'est pas nécessaire que vous ayez la foi. Je ne viens pas en missionnaire, chargé de répandre une idée nouvelle. Je vous expose simplement les résultats obtenus, en vous disant:

«Ce que j'ai fait n'a rien de mystérieux. Voici la façon dont j'ai procédé, répétez l'expérience dans les mêmes conditions et vous obtiendrez les mêmes résultats.»

Il est évident qu'à priori cela paraît incroyable. La connaissance d'un mystère aussi important, dévoilé comme certain, sans aucun doute possible, par un noble inconnu, ne peut être qu'une chimère généreuse, enfantée par des lectures mystiques. Combien d'intelligences supérieures se sont attelées au grand Problème sans pouvoir le résoudre! Et s'il était possible au premier venu de pénétrer aussi facilement un domaine jugé jusqu'ici comme inaccessible, «cela se saurait»! Nous n'aurions pas attendu des siècles et des siècles pour connaître ce mystère, au nom duquel tant d'êtres humains se sont massacrés!

Si je n'avais résolu l'énigme moi-même, il est certain que je ferais les mêmes réflexions et j'ajouterais: «Le monsieur a eu certainement une fièvre cérébrale dans sa jeunesse, il lui en est resté quelque chose!».

Le lecteur sera probablement plus poli et il pensera que la suggestion, l'hallucination, ont causé chez moi un caractère spécial de névrose, appartenant au domaine des spécialistes pour affections mentales.

Ce ne sont pas ces arguments qui changeront quoi que ce soit à la nature de l'expérience. Je me suis fait à moi-même toutes les réflexions que vous pouvez faire. Durant des années, j'ai comparé les résultats de l'expérience entre eux et avec les traditions qui me sont parvenues. J'ai analysé le caractère essentiel des religions et des philosophies, j'ai disséqué notre être psychologique d'après les connaissances scientifiques les plus modernes et je n'ai trouvé aucune contradiction flagrante avec mes observations expérimentales.

D'ailleurs, le fait brutal s'impose dans toute l'acception du terme, et s'il est possible aujourd'hui d'aborder une telle certitude, c'est que nos connaissances suivent la progression naturelle en toute chose. Pour les cueillir, il faut attendre qu'elles soient mûres. Chaque étape du savoir humain est la résultante de causes dont les éléments demandent parfois des périodes millénaires avant de pouvoir se manifester.

Et lorsque le fruit est à maturité, peu importe la personnalité de celui qui a la chance de le trouver. Son devoir le plus élémentaire est d'en faire part aux autres, quel que soit l'accueil qui lui est réservé.

MES CONDITIONS D'EXPÉRIENCE

La meilleure façon de résoudre le problème de la Survie, serait de mourir pour se rendre compte exactement des détails du phénomène. C'est pratiquement impossible, d'autant plus que nous ne croyons pas aux revenants. Il faut une solution plus élégante. En étudiant les différentes traditions, l'on remarque parmi leur symbolisme des notions relatant la possibilité de séparer l'être humain en deux parties, sans qu'il en éprouve trop de désagrément.

Les magnétiseurs, et tout spécialement Hector Durville (*Le Fantôme des Vivants*), ont étudié ce phénomène sur des sujets de bonne volonté et ont obtenu des résultats satisfaisants.

Pour l'incrédule, ce mode d'expérience soulève trop d'objections. Mais si chacun de nous pouvait se placer dans le même état : entrer et sortir de son corps, comme de sa propre maison, sans perdre, une seule fraction de seconde, l'usage de toutes ses facultés conscientes, voilà qui serait intéressant ! Plus de mystère ni de complication d'aucune sorte. Nous changerions seulement de dimension.

Cette certitude vaut mieux que celle de la mort. Lorsque le corps est désorganisé par la maladie, la conscience est inquiète, les facultés peu propices à l'examen du travail de séparation entre le corps et l'âme.

Pouvoir renouveler cette expérience de désincarnation à volonté, en possession de toutes ses forces, de toute sa lucidité, sans qu'il en résulte aucun trouble d'aucune sorte, est, à mon avis, supérieur à la séparation définitive. Ce sont ces conditions que j'ai observées depuis quatorze ans que j'ai réalisé l'expérience pour la première fois. Inutile de vous dire que j'ai eu le temps de m'y habituer et de l'étudier en détail. D'ailleurs, je me suis vite rassasié des phénomènes ordinaires. Passer à travers les murs, rendre visite à des amis, se promener librement dans l'espace, pour le seul plaisir de jouir de cet état extraordinaire, est un jeu dont on se lasse vite. La conscience est plus gourmande, elle veut aller plus loin, cette nouvelle dimension ne lui suffit plus, elle cherche à pénétrer dans un autre mode de l'organisation cosmique.

Vraiment, l'être humain est insatiable, et, de dimension en dimension, je n'ai pas été satisfait tant que je n'ai pas eu atteint cet état presque indescriptible où l'on ne fait plus qu'une seule Unité Multiplicité avec l'Énergie supérieure de la Nature. Évidemment, il y a des obstacles, mais très surmontables. J'ai mis exactement douze années pour développer ma conscience et pénétrer en sa compagnie dans l'extrême dimension de notre Univers. Il m'a fallu effectuer toute une série d'opérations sur mon être psychologique. Cela s'est fait d'ailleurs insensiblement. À chaque étape, que l'on peut comparer à une nouvelle mort parce qu'elle emporte à chaque fois une partie de nos affections, il faut s'habituer à son nouveau régime mental. Jusqu'au dernier abandon, jusqu'à ce grand saut définitif dans l'inconnu où l'esprit conscient se dépouille des derniers vestiges de sa personnalité. Dans un autre volume (*L'Évolution dans les Mondes Supérieurs*), je relate les détails de cette curieuse évolution, accessible à tout le monde.

L'abondance des observations, moissonnées dans les autres dimensions de l'espace, me permet donc de vous donner des détails absolument précis sur la question de l'existence en dehors de la forme physique.

Toutefois, étant donné l'ignorance presque absolue de ces études dans le grand public, ma tâche est difficile. Elle est même dangereuse. Mettre à la portée de tout le monde une expérience aussi importante, n'est-ce pas livrer le secret de nouvelles formes d'énergie pouvant être utilisées au mal? J'ai médité longuement cette question. En voici les déductions. Par expérience, j'ai reconnu que le mal ne peut atteindre que des gens possédant les mêmes influences. Ensuite, les efforts à réaliser exigent un certain équilibre psychologique et psychique, d'où le mal est exclu. Enfin, si, par exception, un être malfaisant parvenait à un résultat, il serait rapidement victime de ses agissements, car je négligerai de donner dans cet ouvrage des renseignements trop précis.

J'espère que vous voudrez bien ne pas m'en tenir rigueur et que vous comprendrez le motif qui me fait agir ainsi. Comme dans tous les travaux, il y a certains tours de main qui ne s'acquièrent que dans la pratique.

D'ailleurs, c'est presque un secret de Polichinelle, et bien des occultistes sont au courant de la question. Ici, nous ne ferons point d'occultisme ni d'œuvres mystérieuses ou sectaires. Le travail à réaliser pour pénétrer consciemment la quatrième dimension est à la portée de tout le monde. En disant cela, je ne prétends pas qu'il n'y a aucun effort à faire. Lire un journal est aussi à la portée de tous, à la condition d'avoir appris à lire dans la langue avec laquelle le quotidien est rédigé.

Il existe encore bien des côtés obscurs pour que les conditions de l'expérience soient aussi nettement définies que dans une analyse chimique. Pour l'instant, les points connus suffisent largement à l'obtention d'un résultat qui se perfectionne par l'habitude. Un seul facteur, le «Temps», ne peut être limité. Ce temps est réduit d'une façon proportionnelle à l'intensité du coup de volant que l'étudiant va imprimer à sa destinée. Par exemple, celui qui mettrait dans ce travail tout son être sans restriction d'aucune sorte, qui y consacrerait sa fortune, ses amitiés, ses pensées les plus chères, sa vie elle-même s'il le fallait, parviendra plus vite au but qu'un autre élève conservant au fond de lui-même des tendances intéressées.

Il faut bien penser que dans ce phénomène de dislocation entre le corps physique et les autres formes de l'être humain, ce ne sont pas les apparences qui comptent, mais le travail vrai, l'effort intime fait par le Moi humain pour s'évader de ses liaisons avec les formes grossières de la substance, avec les attaches de la vie terrestre.

Dans ce domaine, l'hypocrisie disparaît, l'âme est nue. Il vaut mieux ne rien tenter que d'entreprendre l'étude de ces phénomènes avec une arrière-pensée d'intérêt personnel.

* * *

Les conditions essentielles pour réaliser cette expérience sont de trois sortes : physiques, psychologiques et psychiques.

Les qualités physiques se résument naturellement dans une bonne santé. Les personnes atteintes d'une maladie de cœur devront s'abstenir. Si l'on est craintif, sujet à des troubles nerveux, il faudra commencer par se soigner et obtenir le calme, avant de tenter quelque chose. Les tempéraments nerveux lymphatiques semblent être les meilleurs, car ils se maîtrisent plus facilement. Il faudra éviter les excès de toutes sortes. Manger modérément, en évitant d'absorber des boissons trop alcoolisées. Surveiller le fonctionnement de l'organisme, en notant chaque jour sa température, les battements du cœur, etc. Enfin, graduer les exercices psychiques d'après cet examen.

L'organisation de l'être psychologique est particulièrement importante. N'oublions pas, en effet, la nature de l'effort à effectuer. Il ne s'agit pas de tenter une expérience pour rire, pour se distraire après dîner. Il faut bien penser à la gravité de l'acte que nous allons accomplir. Dans l'ancien temps, les élèves étaient préparés à ce mystère par de longues années d'entraînement et tous n'y parvenaient pas. Or, essayez de vous imaginer la transition brutale, le changement radical, que vous allez éprouver, le jour où vous vous verrez séparé en deux parties, en pleine possession de toutes vos facultés conscientes. Le choc, entre la réalité et les illusions que le monde actuel nous enseigne, cause une réaction extrêmement violente, sur laquelle je dois vous mettre en garde. Et c'est pourquoi la première des bases est d'être en bonne santé, sans aucun trouble ni lésion organique.

La seconde est d'avoir un moral absolument sain, doublé d'un bon sens commun. L'expérience demande en effet, des observations dégagées des suggestions de toute nature.

Au début, une vie calme est nécessaire. Il faut éviter les tracas, les soucis, ou tout au moins, ne pas y attacher d'importance. La méditation, la prière, aident puissamment à ce résultat. Les efforts vont porter sur la sélection des pensées, des désirs, des motifs d'action. Le plus court chemin consiste à choisir un Idéal généreux et d'en faire l'objectif, le point central, autour duquel vont rayonner les pensées, les désirs, les motifs d'action. Cet Idéal doit être votre but, c'est pour lui, uniquement, que vous devez travailler et c'est en lui que vous devez concentrer ce qu'il y a de meilleur en vous.

Pourquoi ce motif central dans lequel vous allez vous localiser, doit-il être généreux ? Parce que, si vous voulez bien y réfléchir, tout le monde suit un idéal opposé : celui de vivre le plus commodément possible, sans se soucier des autres. C'est l'idéal de la brute, issue du limon de la terre. C'est le premier rudiment de conscience personnelle, acquis par toutes les cellules vivantes. C'est l'instinct de conservation, c'est la vie qui se développe suivant la loi du plus fort et du mieux organisé. Si vous voulez réussir sans danger l'exploration des autres mondes, cette loi doit devenir votre vassale. C'est le premier dragon auquel vous devez livrer bataille et qui vous laissera pénétrer ses secrets lorsque vous l'aurez maîtrisé.

Pour arriver à ce but, il y a deux moyens. Son choix dépend de votre caractère, de votre tempérament, de vos dispositions, de votre force de volonté. Le premier consiste à surmonter ses tendances égoïstes par l'exercice d'une vie modérée, par la répression des instincts de bas étage, par la mise en valeur de sentiments, de motifs, de désirs, de pensées généreuses. C'est le chemin de perfection morale, connu par tout le monde.

Le second procédé est beaucoup plus rapide, il est aussi plus douloureux. C'est la voie du sacrifice conscient. Dans ce cas, les souffrances à supporter sont d'autant plus violentes qu'il y a davantage d'existences élémentaires à chasser. Depuis des siècles, nous avons enregistré certaines formes d'énergie qui vivent à nos dépens. Nous nourrissons, de notre substance vitale, des quantités d'êtres, embryons de vie, que nous avons attirés par nos façons de penser et d'agir. Il faut donc s'attendre à une réaction de leur part. Un de leurs moyens préférés est d'inspirer à leur père nourricier un profond dégoût, une lassitude morale, une violente inertie. Non seulement l'étudiant voit la vie en noir, mais il peut se laisser aller au suicide, dans un accès de découragement.

Une règle recommandable dans les deux cas est la douceur. Il faut éviter de s'entêter sur des penchants récalcitrants. Savoir être patient est une qualité à mettre en œuvre. Mettre toute la mauvaise volonté possible pour céder à une imperfection est un principe d'inertie qui rend de grands services. Si l'on développe dans le même temps les qualités supérieures vers lesquelles on éprouve le plus d'affinité, les autres disparaîtront, faute d'aliment. Enfin, souvenez-vous qu'un Principe d'Amour supérieur choisi comme Idéal avance le travail dans des proportions invraisemblables, avec un minimum d'efforts.

Le Psychisme étant à l'ordre du jour, tout le monde est au courant de ses pratiques (l'on trouve des indications dans *Le Magnétisme Personnel*, d'Hector Durville, et surtout dans l'excellent ouvrage de R. Caillet, *Le Traitement Mental*). Les points essentiels à étudier sont: le pouvoir de concentrer sa pensée sur un seul objet, sans se laisser distraire par d'autres préoccupations. L'entraînement à la respiration rythmée. La détente nerveuse et musculaire. Enfin, la possibilité de rester sans penser. Ce dernier exercice, intitulé «isolement» par les psychistes et «entrée dans le silence» par les hindous, résume la période «d'attente» de tous les phénomènes ayant un rapport avec la quatrième dimension.

Il n'est point nécessaire d'acquérir une maîtrise absolue de tous ces exercices. L'habitude du dédoublement les simplifie en partie et l'on parvient même à s'en dispenser. Ce qui démontre la sottise de tous les traités de Magie, considérant leurs formules comme des axiomes.

Dans tous les cas, quel que soit votre but, rappelez-vous bien que les conditions expérimentales que nous citons représentent un minimum d'efforts, si vous tenez à conserver l'équilibre de vos facultés. La mort, la folie, la congestion, la paralysie, rupture d'anévrisme, sont quelques-uns des dangers qui vous guettent, si vous passez outre.

Quoiqu'il n'y ait pas de règle sans exception, je ne vous engage pas à vous lancer dans l'aventure sans préparation, car le déséquilibre est à peu près certain. Si vous négligez l'entraînement psychique, vous n'obtiendrez pas de phénomène stable, vous ne saurez pas les diriger et vous risquez de tomber dans un mysticisme maladif. Si vous négligez l'entraînement psychologique, c'est encore pire, vous allez vers le déséquilibre mental, par l'emprise des forces inférieures, dont vous serez fatalement victime, un jour ou l'autre.

QUELQUES RÉSULTATS GÉNÉRAUX

Pour la compréhension de ce qui va suivre, il est utile que je vous donne dès maintenant les observations générales de plusieurs années d'étude.

Ces Mondes sur lesquels on a construit tant d'hypothèses, ces Univers qui ont excité au plus haut point l'imagination humaine dépassent dans leur simplicité, tout ce que les hommes peuvent inventer de merveilleux et de complexe.

L'Univers invisible est sans forme. Il se réduit à une atmosphère imprégnée d'énergie, sous une pression variable.

L'Être humain est sans forme. Il se réduit à une atmosphère imprégnée d'énergie, sous une pression variable.

La seule différence existant entre l'homme et l'Univers est l'ensemble des facultés psychologiques, représentées par la Conscience. Dans l'invisible, l'Être humain est une Pensée consciente douée de volonté agissante. Le discernement multiple des Effets et des Causes s'effectue à l'aide de sensations correspondantes dans une Unité de Temps. Les relations entre ces deux Tout représentés par l'Homme et l'Univers ne sont qu'une question d'accord.

En quittant sa forme matérielle, l'être humain n'emporte donc pas une action plutôt qu'une autre. Il conserve seulement les accords, les expressions, le rythme de ses expériences terrestres. Et cela suffit pour l'attirer et le retenir prisonnier dans une substance où il pourra mettre en œuvre ses affections habituelles.

Ces vibrations harmonieuses entre la substance oscillante des autres Mondes et la substance utilisée comme support, par la Conscience, se traduisent par une quantité innombrable de nuances attractives, permettant de discerner les effets et les causes auxquels elles se rattachent.

La substance de notre Univers varie d'un état extrême de densité, que l'on peut qualifier « matière », jusqu'à l'essence radioactive, à laquelle on peut donner le nom de « force ».

L'état matière représente l'Énergie freinée par le Temps et l'Espace dans un minimum d'activité. L'état force, un maximum d'activité instantanée. Innombrables sont les degrés de cette échelle cosmique et il est facile de s'imaginer la quantité indéfinie d'états particuliers que cela représente.

Du côté matière, domine la force centripète, centralisatrice. Vers le côté force, le courant centrifuge est à son maximum d'activité.

L'évolution de l'Être humain apparaît donc sous un jour extrêmement clair, coïncidant avec les traditions antiques.

Elle consiste à établir en soi les accords nécessaires pour vibrer avec le côté force de la substance et s'évader ainsi du système planétaire où nous retiennent toutes les autres formes d'attraction.

Si l'on reste égoïste, le mal ne réside pas, dans cette attraction autocentrique, nécessaire aux manifestations de la vie primitive, mais dans la « qualité » des attractions, dont on reste le prisonnier.

Ce mécanisme nous donne la clé de l'amour altruiste, préconisé par tous les grands penseurs. En détachant l'être humain des attractions inférieures, en supprimant ses accords avec les formes de la substance, en lui apprenant à vivre dans le Monde des Principes, on l'habitue à la manipulation de l'Énergie formidable à laquelle il va avoir accès.

J'ai utilisé cette méthode pour atteindre l'Unité de liaison avec la Conscience Cosmique, et si incroyable qu'il le paraît, ce résultat est en parfaite harmonie avec la constitution de notre Univers.

La substance des autres mondes se présente à nos observations comme une atmosphère de densité, de luminosité, de réaction vibratoire variables.

En supposant que l'on expérimente avec un double, composé d'une substance de densité moyenne, voici les caractéristiques que l'on observe et les sensations que l'on éprouve.

Le champ d'énergie dans lequel se meut la matière force, se discerne par une croissance ou une décroissance de la force centrifuge.

Pour se maintenir en équilibre parfait dans tous les degrés de l'éther, il faut donc se dépouiller de toutes les attractions, de façon à réduire le système d'ondes entretenues, utilisé par la Conscience, à sa plus simple expression.

Jusqu'à ce que l'on soit parvenu à ce résultat, qui est la fin de l'évolution humaine, l'on constate dans l'invisible, l'existence d'un champ d'énergie particulièrement favorable aux attractions, aux affinités, aux sympathies du moment.

La qualité, le rythme vibratoire de nos oscillations s'équilibre avec un état radioactif correspondant et place automatiquement chaque être humain dans une substance, dont la densité détermine les pouvoirs qui lui sont accessibles.

La puissance d'action dans les Mondes invisibles est donc limitée par la qualité, la nature, le degré de concentration des accords enregistrés par la Conscience.

En serrant ces accords vers une Unité cosmique, c'est-à-dire en rapportant ses motifs d'action, pensées, désirs, affections, vers un Idéal élevé, l'on atteint des régions où domine la force centrifuge. Avec une dépense moindre d'énergie, l'on a accès à des pouvoirs plus considérables, plus rapides.

Par contre, en s'attachant aux plaisirs inférieurs, en consacrant sa vie, ses affections les plus chères aux qualités apparentes de la matière et de ses formes provisoires, l'on rétrécit son champ d'action dans une substance où le temps augmente de volume.

La substance de ces vastes ondes en mouvement présente l'apparence d'une atmosphère allant de l'obscurité la plus complète à une clarté radieuse, en passant par tous les tons grisâtres intermédiaires. L'on ne voit ni haut, ni bas, ni droite, ni gauche.

En descendant vers la matière, côté négatif de la force, l'atmosphère grise devient plus terne, elle s'obscurcit progressivement. L'on éprouve la sensation d'une substance qui s'épaissit, cette contraction est lourde à supporter, l'on s'y meut difficilement. Les impressions suivent la même gradation. L'on a l'illusion d'être oppressé, de respirer avec peine. Un malaise général vous envahit, la conscience devient inquiète et bientôt l'impression est franchement pénible. Dans les états obscurs, l'on remarque des sortes de points phosphorescents qui se meuvent en tous sens.

Lorsque l'on se dirige vers le côté positif de la force ou négatif de la matière, l'opacité diminue. L'on pénètre dans une sorte de brume grise, comparable à un temps couvert. À mesure que l'on monte, cette brume s'éclaircit, bientôt une clarté lumineuse la remplace. Un soleil éclatant, analogue à celui de midi, illumine l'atmosphère. En observant attentivement, l'on remarque en tous points une même intensité lumineuse démontrant que cette lumière est produite par l'activité progressive des atomes.

Les sensations correspondantes sont une douce chaleur envahissant l'organisme oscillant que l'on utilise. Un bien-être spécial en imprègne toutes les molécules. La Conscience elle-même éprouve un bonheur croissant. Elle se laisse aller à une douce quiétude, dans un calme progressif. Une confiance plus vibrante, plus joyeuse l'envahit. Si l'on continue à monter, ce calme augmente d'une façon effrayante. Il devient religieux. Pour ne pas troubler le recueillement de l'atmosphère, l'on n'ose plus penser. L'ambiance paraît plus légère. La vitesse de déplacement s'accélère. L'ombre d'une pensée déclenche un monde de phénomènes. Enfin, si l'on continue cette étrange ascension, une suractivité magnétique imprègne l'atmosphère. Bientôt l'on a la sensation d'être étourdie. Si l'on insiste, il semble que notre support énergétique tend à se dissocier, sous l'action d'un déséquilibre inexplicable. L'on croirait que toutes les particules de notre être sont violemment arrachées, et cette pénible explosion oblige l'expérimentateur à descendre dans des régions plus favorables à ses radiations personnelles.

Dans les régions intermédiaires, l'impression est meilleure, les sensations plus stables. L'on peut comparer la clarté atmosphérique à un petit jour matinal. En général, l'on éprouve une sensation de repos, de confiance, de calme. Simultanément la conscience éprouve des impressions variables. Dans certains degrés, elle erre sans joie, comme sans tristesse. D'autres lui communiquent une plus grande activité. L'on se sent davantage « chez soi ». L'on pense, l'on agit sans effort appréciable. Le simple exercice de la pensée vous transporte à l'endroit que l'on désire. Parfois l'atmosphère semble veloutée.

Ces observations ont été faites dans les premières années d'études. Lorsque l'on est parvenu, par l'entraînement et l'évolution de la Conscience, à pénétrer les états centrifuges où domine l'aspect force de la substance, ces sensations se transforment.

L'effort est toujours plus ardu dans les parties sombres et denses de la substance, mais la Conscience n'éprouve plus aucune appréhension. Elle a acquis une certaine stabilité qui lui permet de pénétrer les états inférieurs et supérieurs, sans se départir d'un minimum de calme et de sérénité confiante. Elle agit sans tristesse, sans gêne, avec une paix confiante et le bonheur spécial qui l'accompagne. Lorsque la Conscience se dirige vers les Mondes supérieurs, son impression peut se traduire sous la forme de la quiétude du touriste entrant chez lui après une longue absence. Dans ce monde où la Cause et l'Effet sont une même Unité, l'on a l'impression de retrouver une ambiance familière. Sans penser, l'on va directement au but. L'on ne voit rien, l'on ne pense pas et cependant l'on sent, par une sorte d'intuition, que l'Univers et ses lois sont à notre disposition. Et l'on exerce les facultés inhérentes à cet état, avec le plaisir et l'aisance du voyageur retrouvant ses objets familiers, ses occupations favorites.

Ces observations générales nous apprennent que les supplices inventés par les hommes n'existent pas. Chacun trouve, après sa mort, la substance dans laquelle il pourra continuer d'exercer ses affections. Ceci ne veut pas dire que tout le monde sera heureux, tel qu'on l'entend généralement.

Ici se place une distinction importante. Dans les observations de l'expérience, le bonheur ou le malheur sont «indépendants» du mécanisme de l'Univers. La loi de Cause et d'Effet ne s'occupe pas de nos préférences ou de nos sentiments. Elle ne favorisera pas l'ascète. L'Équilibre s'établit toujours d'une manière absolue. Les mêmes causes produisent toujours les mêmes Effets, si on les met en œuvre dans les mêmes circonstances. Et cela dans toutes les dimensions de l'Univers. C'est à nous qu'il appartient de nous y conformer.

La liberté existe dans le choix d'une décision. Le déterminisme entre en jeu dans l'exécution de cette décision, parce qu'un rapport de Cause à Effet les unit et que ce rapport est le facteur essentiel de l'Ordre universel.

En principe, tout le monde doit trouver le bonheur, puisque leurs affections les placent dans une substance dont les oscillations correspondent aux mêmes rythmes. Pour l'animal ou le sauvage encore inconscient de ses responsabilités, c'est vrai. Pour le civilisé actuel, c'est faux. Il y a, en effet, peu de gens qui n'aient eu connaissance d'un ordre de choses supérieur au simple exercice de l'instinct. Quelles que soient ses expériences, chacun discerne plus ou moins les qualités particulières ou générales tendant vers un progrès, vers une perfection.

Celui ou celle qui s'est laissé absorber durant sa vie par des satisfactions, des jouissances d'un ordre peu élevé, se trouve placé après la mort dans une substance où il cherchera à satisfaire les mêmes besoins.

D'autre part, le discernement de caractéristiques plus élevées a introduit en lui certaines oscillations favorables aux régions positives de la force.

À un certain moment, il va se déclencher un équilibre instable. Une éclaircie va rendre l'être humain conscient de la grossièreté de l'ambiance dans laquelle il est plongé. Je ne parle pas des êtres immondes qui viennent troubler son état, mais de la qualité inférieure de la substance. Son supplice commence. Pour acquérir la liberté qu'il discerne, par cette intuition, il cherche à s'évader de son atmosphère. Mais, comme il lui faut épuiser auparavant la somme d'énergie qu'il a enregistrée durant sa vie terrestre, ce n'est souvent qu'après des siècles de douloureux isolement qu'il parvient enfin à échapper aux chaînes qu'il s'était forgées.

Chaque fois que l'on réfléchit à l'évolution humaine, n'oublions jamais cette double caractéristique de l'Univers.

La constitution électromécanique de l'Énergie universelle, équilibrée dans chacune de ses vagues de haute et de basse pression par une même quantité de substance, variable en ses parties complémentaires, de force et de matière.

Sa partie rythmique, ordonnancée par la loi de Cause et d'Effet, rapprochant les vibrations de même ordre.

Puisque nous sommes composés par un système oscillant, fonctionnant tantôt en circuit ouvert, tantôt en circuit fermé, c'est à nous de diriger intelligemment nos accords, de façon à échapper aux régions inférieures du tourbillon cosmique.

En général, l'honnête homme se trouve donc, après la mort, dans un milieu correspondant à ses affections et c'est dans une atmosphère de Paix et de Quiétude qu'il exerce son bonheur de vivre. Ce bonheur dure jusqu'à l'épuisement de l'énergie enregistrée. Il lui faudra ensuite revenir sur terre, renouveler sa provision, jusqu'à ce qu'il se soit concentré dans une seule attraction, dans un seul accord, indépendant de toutes les formes de l'Énergie.

Lorsque l'on a atteint l'extrême vitesse de l'Univers, c'est-à-dire lorsque la Conscience humaine a suffisamment discerné les grandes Causes de l'évolution et qu'elle y a localisé toutes ses affections, sa présence sur terre est devenue inutile. La dimension de cet état suprême, pénétrant toutes les autres, la Conscience vibre sur l'accord fondamental, de toutes les formes de l'Énergie, dont elle devient, en quelque sorte, un canal conducteur.

À ce moment, la liberté humaine coïncide avec les caractéristiques attribuées aux dieux des religions.

Voici, en effet, un des états les plus curieux de mes expériences. Après avoir atteint une région quintessenciée de l'éther, je fécondais l'espace en projetant ma vie dans un espace considérable. J'avais la sensation de m'étendre en tous sens, comme si j'avais été placé au centre d'une sphère. Et, dans le même temps, je me sentais « en entier » dans l'ensemble, comme dans chacun des points de cet organisme étrange.

Tout en ayant nettement conscience de mon Unité, j'éprouvais l'impression de me multiplier. Cette multiplication ne diminuait ni n'augmentait mon énergie de la moindre fraction.

Sans bouger, je me sentais franchir une distance incalculable par les vibrations veloutées formant les limites de l'immense sphère, composant mon nouveau domaine. Cette activité semblait « éveiller » dans chaque atome de ce suréther une attraction qui s'attachait à moi et augmentait seulement la douceur et la délicatesse de mon énergie oscillante.

Sans penser, j'étais doué d'une sorte de Conscience divinisée. La vibration la plus infime, parvenant dans l'ambiance ainsi fécondée, me renseignait immédiatement sur les détails de son origine et au même instant j'agissais dans le sens nécessaire. Il n'y avait pas de différence de durée entre l'action et la réaction que j'opposais. Action et Réaction étaient simultanées, dans une clairvoyance immédiate de tous les détails de Cause et d'Effet.

Pour agir, je communiquais dans l'ensemble ou la fraction, une impulsion de mon être tout entier. Que cette impulsion s'effectue simultanément ou séparément, dans les atomes de ce champ magnétique, elle s'exerçait toujours dans une proportion correspondante à la Cause perturbatrice. Et, fait curieux, je n'éprouvais de cet effort qu'un bonheur d'agir, sans que mon énergie augmente ou diminue d'un iota. Enfin, je le répète, tout en ayant conscience de mon Unité, je ne pourrais dire que j'étais plutôt au centre qu'à la surface, ou dans les parties de cette sphère rayonnante. En vérité, je me sentais partout moi-même, avec une égale intensité.

Jamais l'imagination n'aurait osé concevoir un fonctionnement à la fois aussi complexe et aussi simple de la Conscience supérieure. Toutes les expressions que j'utilise pour vous décrire ces résultats limitent et détruisent leur valeur expérimentale. Cette substance qui devient nous-mêmes, les prérogatives qui y sont liées, l'Amour profond que l'on éprouve, le bien-être inexprimable qui y est attaché, se fondent dans une même Unité Multiplicité, dont on est parfaitement conscient. À ce point d'évolution, la Conscience humaine est une synthèse ayant à sa disposition les différents rythmes de l'Ordre universel, dont elle a vécu les accords dans ses expériences passées.

En y réfléchissant, c'est en somme assez naturel ! Si l'on retire de notre vie terrestre toutes les formes sur lesquelles nous nous appesantissons, si l'on regarde ce qu'il reste vraiment après la disparition de l'enveloppe physique, que peut-il y avoir, en effet, autre chose que des affinités pour un certain ordre d'atomes, dont les accords différents forment la diversité des corps, sous laquelle se manifeste une même Énergie, un même Ordre universel !

ANALYSE DU PHÉNOMÈNE DE SÉPARATION ENTRE L'ÊTRE HUMAIN ET SON CORPS

Pour observer avec succès la composition de la substance universelle dans ses différentes proportions de force et de matière, il faut commencer par conserver la mémoire depuis le début jusqu'à la fin de l'expérience.

À mesure que l'on s'élève vers la raréfaction de l'éther supérieur, cette mémoire est moins fidèle. Lorsque la volonté n'est pas suffisamment soutenue, il intervient une autre source d'erreurs. La Conscience supérieure abandonne sa forme astrale. Celle-ci, douée d'une certaine conscience sensitive, juge sur son propre plan, tandis que l'Esprit conscient rapporte les impressions d'une autre dimension. Il en résulte un mélange, plus ou moins cohérent, où l'illusion se confond avec la réalité.

Donc, premier point à observer dans l'étude de la quatrième dimension : toujours conserver une mémoire consciente et continue des phénomènes. En pratique, le contrôle est très facile. Vous devez agir dans les autres dimensions de l'espace avec une certitude plus consciente que sur terre. C'est-à-dire, non seulement vous devez être en possession de vos facultés ordinaires, mais votre sensibilité plus grande doit vous permettre un contrôle plus rigoureux. Dans de bonnes conditions d'expérience, facultés et sensations ne doivent représenter qu'une même Unité consciente, capable de juger, de penser, de prévoir, de discerner, d'agir dans une entière liberté.

Pour tout le monde, le phénomène le plus convaincant est l'acte de séparation consciente, à quelques pas de sa forme matérielle. L'on quitte son corps avec plus de facilité qu'un vêtement et l'on se demande pourquoi cette faculté n'est pas répandue davantage. Que de sottises nous éviterions!

Dans tous les cas, le résultat est certain, sans aucun doute. C'est un fait brutal, en dehors de tout jugement, de toute hypothèse, de toute hallucination ou suggestion quelconque. C'est la certitude la plus évidente que l'on puisse obtenir, sans aucune erreur possible.

Dès que vous êtes sorti de votre enveloppe organique, cette réalité s'impose dans toute la force du terme. Vous voyez les meubles familiers de votre chambre sous le même aspect. Seule une légère phosphorescence vous permet de les distinguer. Tel un cadavre, votre forme matérielle repose inerte sur sa couche. L'impression est tellement saisissante qu'instinctivement l'on se croit mort. Il ne faut pas céder à ce sentiment naturel et de toute votre volonté résistez à la force qui vous attire dans votre corps matériel. Le double est tellement sensible qu'une crainte exagérée le ferait rentrer brutalement dans son enveloppe physique et vous éprouveriez de grosses difficultés pour recommencer l'expérience.

Si vous résistez, vous avez le temps d'examiner succinctement les lieux, vous rentrez lentement dans votre corps et vous prenez note immédiatement de tous les détails que vous venez d'observer. Puis vous recommencez le même exercice. Il est déjà plus facile ; à mesure que le double s'habitue à cette désincarnation provisoire, il devient plus maniable. Vous pouvez alors vous promener dans votre chambre sans inconvénient, faire toutes les observations possibles et imaginables, vous asseoir, penser, méditer, avec une lucidité plus consciente que dans l'état physique.

Au début, l'on est tenté de sortir de sa chambre, pour juger l'état des lieux, dans cette curieuse dimension. Il se produit ceci : la substance que vous utilisez comme double rentre dans le corps physique et c'est avec une forme plus éthérée que vous gagnez l'espace. La délicatesse des vibrations de cette nouvelle dimension donne accès à tout un ordre de phénomènes nouveaux, qu'il importe de bien observer, afin de prendre conscience des possibilités de chacun des mondes dans lesquels on pénètre. Si vous désirez pousser l'expérience encore plus loin, un troisième support s'extériorise dans un éther plus raréfié et les phénomènes s'amplifient d'une façon proportionnelle.

Tout se passe comme si nous possédions différents corps emboîtés les uns dans les autres, par une dimension plus réduite. Lorsque la volonté consciente pénètre cette nouvelle dimension, elle entraîne avec elle le corps correspondant.

Puisque chacun des états successifs de cet Univers original pénètre les dimensions inférieures de la substance que l'on vient de quitter, il est facile de s'imaginer l'étendue progressive des phénomènes auxquels on a accès. En somme, l'on se rapproche des Causes phénoménales et la même opération accomplie dans un plan supérieur détermine dans les tourbillons inférieurs une multiplicité d'effets, qui, à leur tour, seront autant de causes pour une substance plus condensée.

Lorsque l'on se dédouble sans ordre ni méthode, l'on ignore donc la qualité de la forme qui s'extériorise et comme elle entraîne la Conscience dans la dimension correspondante, l'on obtient des résultats ne concordant pas avec ceux d'un étudiant ayant utilisé une autre forme.

D'où second point à observer. Toujours commencer avec le premier double et pour cela s'exercer à se dégager dans sa chambre, sans essayer au début de voyager autre part.

Les expériences à effectuer dans cette dimension sont d'ailleurs extrêmement nombreuses. Elles permettent d'obtenir de nouvelles précisions sur nos connaissances actuelles et de commencer la documentation sur des problèmes jugés impossibles à résoudre par notre Civilisation.

Enfin, l'acte même de cette séparation consciente, sa possibilité certaine, hors de toute contestation possible, en conservant l'usage de toutes ses facultés et de ses sensations, est suffisant pour déterminer la modification scientifique, morale et religieuse de nos opinions et de nos croyances.

Le phénomène de dislocation entre l'Homme et son corps, la certitude consciente de pouvoir vivre dans une nouvelle dimension est la seule réalité évidente que j'affirme comme vraie, sans aucun doute.

Cette certitude n'est pas un dogme. Ce n'est pas une question de foi. Ce n'est pas le résultat d'une suggestion. C'est une réalité accessible à tout le monde. C'est l'effet mathématique et précis, engendré par un ensemble de Causes, aboutissant au même résultat, lorsqu'on les répète dans les mêmes conditions. C'est un fait, en dehors de tout raisonnement, à l'abri de toutes les critiques et de toutes les contestations. Nier un fait aussi tangible avant de l'avoir contrôlé soi-même serait pour l'auteur une preuve certaine de son infériorité évolutive, quelle que soit sa situation sociale.

En dehors de cette certitude, je vous présente tous les autres détails, comme des observations personnelles. Il y a, en effet, des quantités de points très intéressants sur lesquels je ne me suis pas attardé. J'ai voulu connaître le fin mot de l'énigme, atteindre les plus hautes possibilités de la Conscience et les faits qui en sont résultés sont tellement merveilleux qu'ils paraîtront imaginaires à ceux qui ne connaissent pas l'admirable organisation des Mondes supérieurs.

Nous allons, tout d'abord, examiner la nature des sensations et des impressions pendant le phénomène de dislocation.

Malgré leur nombreuse variété, l'on peut les classer en trois catégories :

1. Les phénomènes sensitifs, préparant l'acte de dédoublement ;
2. Les dédoublements instantanés, accompagnés ou non de sensations ;
3. Le dégagement par tourbillon.

Pour observer convenablement ces détails, il faut effectuer ces expériences vers quatre ou cinq heures du matin, après avoir bien dormi. L'on évite ainsi l'action de la conscience inférieure.

Après avoir concentré les détails que l'on se propose d'expérimenter, l'on chasse toute pensée et l'on se trouve en d'excellentes conditions réceptives pour discerner immédiatement la vibration la plus faible provenant des autres dimensions de l'espace.

Il ne faut pas s'endormir ni être quelques secondes avant de prendre contact avec la réalité. Aussitôt qu'une oscillation, aussi faible soit-elle, affecte l'une de vos formes, vous devez «aussitôt» prendre conscience de vous-même. Sans bouger, sans faire un mouvement, toute votre attention doit être fixée sur les sensations, les images, les actions qui vont se dérouler. Vous devez être parfaitement lucide, avoir à l'esprit toutes les décisions que vous avez prises et suivre attentivement les phases du phénomène, afin de pouvoir en transcrire tous les détails. Il vaut mieux recommencer cinquante fois si c'est nécessaire pour écrire ses observations, que de vouloir tout examiner à la fois. Rappelez-vous que l'abondance des détails nuit à la précision des faits.

D'ailleurs, rien de plus facile, puisque vous n'êtes pas endormi. Le dédoublement, la séparation du Moi conscient et de ses formes provisoires s'effectue à «l'état de veille».

Ainsi, il m'est arrivé d'être debout, dédoublé dans ma chambre, dans l'instant même où je fermais les paupières et sans aucune sensation particulière. Une telle rapidité est extraordinaire. Mais le plus surprenant, c'est la réalité des sensations matérielles que l'on éprouve. L'habitude de cette séparation entraîne une telle familiarité avec les autres mondes qu'en certains cas, au moment précis de me précipiter dans l'espace, je suis revenu sur mes pas m'assurer que je n'étais pas en somnambulisme et que mon corps matériel était bien resté à sa place.

Ceci vous indique la réalité saisissante de cet état. Dites-vous bien que vous êtes le maître conscient de vos différentes enveloppes.

Voici une expérience démontrant la souplesse de cette organisation dans le transfert de la sensibilité d'une forme à l'autre.

C'était après avoir effectué quelques randonnées dans l'espace, j'étais revenu près de ma forme physique et, sans m'y incorporer complètement, je me trouvais au point exact d'équilibre où la sensibilité matérielle passe dans la forme suivante. D'un simple désir, je faisais pencher la balance dans un sens ou dans l'autre. Dès que je favorisais le dégagement dans la quatrième dimension, je me sentais plus léger, sans aucune sensation du corps physique. Et, fait curieux, j'avais la sensation très nette que mes mains se touchaient dans le dos, suivant une position familière. Dès que je ramenais mon attention sur ma forme matérielle, l'intensité du dégagement diminuait. Mon corps était lourd comme du plomb, la respiration très ralentie, je sentais la rugosité des draps reposant sur mes bras «allongés» près de mon corps, la fraîcheur de la température, le jour qui filtrait à travers mes paupières. J'entendais le bruit de la rue.

En reportant ma pensée vers le dédoublement, la balance penchait aussitôt de l'autre côté. Toutes ces sensations disparaissaient avec la rapidité de l'éclair. Je me trouvais dans le milieu que je venais de quitter, et je percevais le calme, la douceur, le bien-être inexprimable de cet état.

Le phénomène du dédoublement n'est donc pas un état de sommeil naturel ou provoqué. Il est d'une lucidité supérieure à celle de la vie terrestre. Quelle que soit la dimension dans laquelle on se trouve, l'on doit rester absolument conscient et pouvoir aussitôt ouvrir les paupières, prendre son crayon et noter ses observations, comme dans les moments les plus lucides de la journée.

LA PRÉPARATION AU DÉGAGEMENT
PAR LES FACULTÉS SENSITIVES

Ce qui caractérise l'ensemble des phénomènes de cette catégorie est la préparation au travail qui va s'effectuer par la mise en activité d'une faculté sensitive. Image ou sensation, elle permet à l'opérateur, encore peu familiarisé avec la période d'attente qui constitue l'état d'«isolement» des psychistes, de prendre conscience de lui-même et de favoriser l'extraction de son double en agissant dans un sens convenable.

Cela peut être l'image d'une fenêtre, d'une porte, vous donnant l'idée de passage dans un autre domaine. C'est aussi une lueur, une figure géométrique, un espace clair au milieu des nuages, provoquant le même désir. Parfois la réalité est plus saisissante. Un jour, j'ai pris conscience de mon état au moment où j'étais à demi extériorisé. Le visage tourné vers le parquet de la chambre, légèrement penché, les bras étendus en avant, je me laissai glisser jusqu'à terre et je «tirais» la partie de mon double encore engagé dans son enveloppe, comme s'il s'agissait de sortir d'un vêtement trop étroit. Bientôt, j'eus la sensation de poser mes pieds à terre et je me relevais dans la position naturelle, avec cette impression de liberté si caractéristique lorsque l'on est dédoublé.

Une autre fois, j'avais les paupières à peine closes que je me vis à demi dégagé. Le buste étendu horizontalement, en dehors du lit, le visage tourné vers le plafond. La promptitude et l'effet lugubre de cette scène provoquèrent en moi un tel frisson que je réintégrai immédiatement mon enveloppe organique.

Il faut aussi tenir compte des surprises plus ou moins bizarres. Dans une expérience où j'avais fait des efforts assez prolongés, je fus à peine dédoublé que je reçus une formidable gifle, sans que je puisse me rendre compte de son origine.

Une autre fois, le dégagement était à peine terminé que je tournai sur moi-même, dans une sorte de «looping» peu agréable. Un cas, plus déplaisant, fut un bouleversement extraordinaire du double. J'avais rencontré ce jour-là une résistance inaccoutumée dans mes exercices de dédoublement. Plus j'accentuais mes efforts et plus j'avais la sensation d'être comprimé par la substance ambiante. Décidé à vaincre malgré tout, je concentrai toute ma volonté et je fus dégagé. Aussitôt, j'eus l'impression d'un désordre intense dans ma forme astrale. J'avais la sensation d'être brisé en morceaux qui se projetaient de toutes parts. Comme dans les cas difficiles, j'appelai immédiatement à l'aide et tout cessa, avec la réintégration de mon double.

Dans cette catégorie, la sensation finale, à laquelle aboutissent toutes les autres, est celle de «sortir» de quelque chose, d'un endroit étroit, resserré. Tous les efforts sont orientés vers ce résultat, qui se réalise avec un succès variable. Dès que l'on est dégagé, l'on éprouve l'impression de respirer à l'aise, une sensation de bien-être vous envahit, la conscience a le sentiment d'une liberté à laquelle elle n'était pas encore habituée et je me suis surpris au début à me secouer, à la façon du chien sortant de l'eau.

Le phénomène ne s'accomplit pas toujours immédiatement. L'on reste parfois une heure ou deux dans un état d'énervement spécial. Les conditions d'équilibre du corps physique, l'organisation des facultés psychologiques, les variations atmosphériques, chaleur, humidité, sécheresse, sont autant de facteurs à considérer. Toutes les vibrations, de quelque nature qu'elles soient, son, lumière, électricité, radiations des corps, exercent leur influence sur la production du phénomène. Il faut donc s'attendre aux sensations les plus contradictoires, jusqu'au jour où nous aurons déterminé les vibrations favorables à la manifestation du phénomène.

Un jour, je me vis étendu à plat ventre sur une table, en agrippant les bords placés devant moi et tirant avec force pour sortir de mon corps. Une autre fois, je me voyais sur le lit, la tête à l'emplacement normal des pieds et m'agitant dans une sorte de reptation peu agréable, mais nécessaire au résultat à obtenir. Dans un autre cas, j'avais la sensation de m'enrouler autour d'un montant du lit, pour quitter ce corps récalcitrant.

Dans ces exemples, la vision et la sensation sont unies. Elles peuvent être alternatives comme dans les faits déjà cités, ou complètement séparées.

J'ai eu, dans certains cas, la seule impression de me traîner sur le lit. Sans le voir, je sentais la couverture, comme une rugosité gênante. Dans d'autres exercices, mon corps s'engourdissait, j'avais l'impression de toucher le plafond et il me semblait que la respiration s'effectuait par un fil. Enfin, cette respiration s'affaiblissait progressivement, jusqu'au moment où je donnai le dernier élan pour franchir la dimension suivante.

Une autre série de sensations plus rares comprend les influences psychiques de nos entraîneurs invisibles. Une sorte de pluie fine, très froide, parcourt le corps, de la tête aux pieds et l'engourdit progressivement. Ou bien, ce sont des passes magnétiques, s'exerçant d'une façon circulaire sur le visage.

Le résultat final est le même : sensation de passer par une étroite ouverture, donnant lieu au dégagement conscient, près de son corps physique.

Il peut arriver aussi que l'on ait des visions assez désagréables, ayant plutôt le caractère de l'hallucination. Les yeux ouverts, je vis un jour se former près de ma figure une énorme araignée. Une autre fois, ce furent deux petits chiens blancs, qui se présentèrent dans les mêmes conditions. Quoique moins désagréable que la première, par un effort de pensée je chassai cette apparition, inutile au résultat que l'on veut obtenir.

En général, l'action de ces facultés sensitives s'observe surtout dans le dégagement, près de son corps. La sortie dans les autres dimensions se réalise plutôt dans les catégories suivantes. Dans tous les cas, le calme et le sang-froid sont de rigueur. Il faut être suffisamment maître de soi pour observer tous les détails de l'opération, comme s'il s'agissait d'une autre personne.

LA SÉPARATION INSTANTANÉE

Les phénomènes de cette seconde catégorie exigent déjà une certaine habitude. Néanmoins, comme ils peuvent survenir au moment où l'on ne s'y attend pas, il est prudent de les connaître afin de ne pas être surpris.

Leur caractère essentiel réside dans la promptitude du dégagement qui a lieu avec la rapidité de l'éclair. Lorsque la sensation l'accompagne, l'on a l'impression d'une chute dans l'espace. Parfois cette sensation elle-même disparaît, et l'on se trouve dédoublé instantanément dans sa chambre, ou dans une autre dimension.

Plus que jamais la Conscience doit être préparée à cette rapidité, afin que l'on puisse se tenir immédiatement sur la défensive. L'on ne sait jamais la nature du phénomène qui va se réaliser et il est bon de conserver la plus grande prudence.

Dans une de ces expériences, j'ai éprouvé la sensation brutale d'être précipité dans le vide, la tête en avant. Il y a naturellement, au début, un moment de surprise, qu'il faut s'exercer à réduire le plus possible. La Conscience doit acquérir immédiatement sa lucidité complète et être prête à parer à tous les obstacles qui peuvent se présenter.

Un autre jour, je m'étais dédoublé, contre mon habitude, couché sur le côté droit. J'eus la sensation de choir, comme si j'avais été couché sur une trappe que l'on ouvre brusquement. Inconsciemment, la première impulsion vous porte à répéter les mêmes gestes que vous feriez sur terre, dans les mêmes circonstances. L'on étend les bras et les jambes, comme pour se raccrocher à quelque chose et l'on se prépare à crier. Aussi rapide soit-elle, cette impulsion provoque la lucidité de la Conscience. L'on redevient soi-même et c'est dans le plus grand calme, en possession de toutes ses facultés, en pleine connaissance de son double état, des efforts déjà tentés, des conditions de réussite, des obstacles possibles, des décisions prises, que l'on observe, sans résister, les détails du dédoublement.

Dans une autre série d'exercices, j'avais été nettement entravé par des forces contraires. Je luttais avec acharnement et j'en avais déjà retiré une courbature générale. Le lendemain de cette lutte, je n'avais pas terminé la concentration de ma pensée que, tel un boulet de canon, mon double fut expulsé violemment de sa forme organique. Je fus projeté la face contre terre, les bras étendus en avant, avec une telle violence et une netteté si parfaite que je crus un instant être tombé de mon lit avec mon corps physique. Il n'en était rien. J'étais bel et bien dédoublé et je fis dans ma chambre la série d'expériences que j'avais projetée. D'ailleurs, ce jour-là, le double était plus condensé que d'habitude. Pour changer de dimension, je voulus passer à travers les murs de l'appartement, mais je les trouvais résistants. En insistant, j'en retirai une douleur dans la région du front et je dus recourir à l'ouverture astrale de la fenêtre pour que mon premier double gagne ses pénates.

Une autre fois, après avoir vu quelques figures grimaçantes, je me trouvai immédiatement debout, dans la chambre, sans autre préparation. La surprise fut d'autant plus grande que je n'avais pas pensé à me dédoubler et que je n'avais préparé aucun sujet d'étude.

Dans un cas, j'éprouvai une sensation inconsciente de frayeur. Toutes mes facultés conscientes devinrent immédiatement limpides et je m'aperçus que j'étais plongé au sein d'une atmosphère grisâtre, semblable à de gros nuages. M'élevant perpendiculairement dans cette masse sombre qui ne me disait rien qui vaille, je me tenais sur la défensive, en accélérant cette traversée de tout mon pouvoir. Je parvins alors, dans une atmosphère plus sympathique, où je trouvai l'un de mes amis décédés, avec qui j'eus une assez longue conversation.

Ce qu'il y a de particulièrement agréable dans ces visites, c'est l'absence d'hypocrisie dont nos relations terrestres sont empoisonnées. Rien ne peut rendre la douceur des sentiments partagés et compris, dans les relations avec nos Amis de l'Espace.

Pour l'apprécier comme il convient, il faut bien penser qu'en ce moment je ne vous cite pas un rêve, je ne relate pas une vision dont les caractéristiques diffèrent. Je vous cite un fait réel, un acte conscient, accompli dans une lucidité parfaite, dans une liberté entière, sans aucune trace de sommeil. Vous êtes là près de vos amis, conversant affectueusement, parfaitement conscient de votre double situation, que vous êtes capable de faire cesser à l'instant même si vous le désirez. Tous vos éléments psychiques étant en activité, il vous suffit d'une pensée pour être immédiatement dans votre corps, aussi lucide qu'à n'importe quel moment de la journée.

Au contraire, il arrive parfois que vous vous sentez rajeuni par une vie plus intense. Dans un prochain ouvrage, je vous citerai l'analyse d'éléments tirés de la substance la plus parfaite du Cosmos, que j'ai réussi à conserver toute une journée dans le tracas des occupations quotidiennes.

D'ailleurs, l'on garde assez souvent des traces de la radioactivité des Mondes où l'on pénètre. Ces oscillations supplémentaires donnent aux facultés un essor inconnu. L'on pense, l'on agit dans la journée avec une facilité qui tient du prodige. Sans effort l'on résout des problèmes compliqués. Mais le plus curieux de cet état, déjà extraordinaire par lui-même, c'est la facilité avec laquelle on l'accepte. Ne croyez pas que l'on est émerveillé. Cela paraît si naturel que l'on croit avoir toujours été ainsi et il semble qu'il n'y aura pas de fin. J'ai observé que ce sentiment de parfaite quiétude se réalise avec une intensité proportionnelle à l'élévation, au raffinement des états quintessenciés de l'éther. Il atteint son maximum de puissance dans l'Union de la Conscience supérieure avec l'Essence de la Vie spirituelle.

Ce n'est qu'après être revenu à l'état normal que l'on peut apprécier la différence. Il semble que toutes nos facultés sont renfermées dans une boîte et que les pensées filtrent péniblement à travers les molécules.

Parmi les cas de dégagement instantané, j'ai éprouvé un jour l'impression peu compliquée de me lever. Comme il n'y a aucune différence de sensations avec le réveil ordinaire, l'on ne se rend pas compte de l'extériorisation. Ce n'est qu'après être debout, en constatant la présence du corps allongé sur sa couche, que l'on prend conscience de son double état.

Enfin, l'expérience la plus curieuse de cette catégorie est la suivante. Je m'étais éveillé comme d'habitude, et après avoir vérifié l'heure, je m'allongeai convenablement, les bras étendus près de mon corps. Je me disposai à clore les paupières et à faire les différents exercices psychiques, lorsque « immédiatement » je me trouvai debout, près de mon lit, sans avoir eu le temps de fermer les yeux. Je restai un moment abasourdi, contemplant avec stupeur ce corps étendu les yeux ouverts, sans expression. Dans cet essai, la mémoire et toutes les facultés conscientes n'ont pas subi la moindre altération. Sans transition, la sensibilité du corps physique est passée dans le double et toutes les facultés l'ont suivi instantanément.

LE DÉDOUBLEMENT PAR TOURBILLON

La séparation de l'Être conscient et de son enveloppe organique s'effectue dans cette troisième catégorie sous une impulsion étrange, donnant l'impression exacte d'être enlevé par un tourbillon. L'on a la sensation d'être aspiré violemment par une sorte de trombe et aussitôt l'on prend un contact conscient avec la substance des autres mondes. Cette extraction n'est jamais pénible. Mais, comme l'on ignore généralement l'endroit exact où ce tourbillon va vous déposer, il est prudent de se tenir sur la défensive.

Afin de réaliser un meilleur contrôle, j'ai pris l'habitude de me dédoubler d'abord dans la chambre, avant de gagner une autre dimension. Toutefois, ce tourbillon n'est pas toujours obéissant et souvent il aspire une forme plus éthérée, qu'il emmène dans une sorte de « courant », dans un vent d'éther extrêmement curieux à observer. Cette catégorie de dédoublement est certainement plus agréable sous tous les rapports. Elle peut être liée à différentes visions ou sensations, sans que ce soit une nécessité. En général les sensations qui suivent ce genre d'extériorisation sont plus délicates, plus raffinées. La lucidité consciente est plus vive. Les facultés plus puissantes. La pensée plus rapide. L'on éprouve une Unité de vie plus homogène, dont la radioactivité plus vibrante transmet à la Conscience des influences inconnues dans les autres dimensions.

Voici quelques exemples. Après m'être éveillé à l'heure ordinaire de mes essais, sans avoir eu le temps de penser à quoi que ce soit, j'entendis des aboiements formidables. Aussitôt, je me sentis emporté dans un tourbillon. J'avais la sensation de descendre très rapidement. Dans l'opacité grisâtre et nuageuse de l'atmosphère dans laquelle j'étais plongé, je distinguais des lueurs verdâtres et près de moi un gros chien blanc. Puis le courant se ralentit peu à peu et me ramena dans mon corps. Je notai immédiatement ces observations et j'attendis une nouvelle expérience. Mon attente fut de courte durée. Une sorte de pluie fine et glacée me tombait sur la tête avec une grande intensité et bientôt je fus extrait de mon enveloppe par un tourbillon dont l'influence fut aussi courte que la première. Après en avoir noté les caractéristiques, j'attendis un troisième essai. Cette fois, les fluides furent moins intenses. Je parcourais l'espace, debout, en glissant à quelques pas du sol. C'était en 1914 et je visitai ainsi la Belgique et les flottes de guerre.

À noter, en passant, l'image du chien comme symbole des moyens utilisés par les Amis qui vous aident dans vos opérations psychiques. En effet, à moins d'avoir avec Eux un entretien particulier, les Guides se montrent rarement. Ils préfèrent envoyer une image, inspirant confiance, et celle d'un chien est la plus fréquente. Ces chiens ne sont pas toujours blancs, ils sont parfois gris comme des chiens de berger et leur grosseur varie du petit chien japonais au chien du Mont Saint-Bernard. Enfin, ils peuvent être plusieurs à vous garder ainsi, et leur vue procure un sentiment de confiance, un surcroît d'énergie.

Dans les cas les plus fréquents, le dégagement par tourbillon n'est accompagné d'aucune vision ou sensation. L'on est seulement transporté dans un vent d'éther, à une vitesse variable, vers un but que l'on ignore. Aussi faut-il se tenir prêt à toute éventualité. Lorsque l'on est emporté par ce courant magnétique, l'on a l'impression d'une vitesse effroyable. Un vent de tempête vous souffle aux oreilles. L'on croirait se déplacer dans l'atmosphère terrestre à une vitesse inappréciable. À plusieurs reprises, j'ai constaté la présence d'un sillage lumineux, laissé par mon double dans ce vent d'éther.

La rapidité avec laquelle on est entraîné ne permet pas toujours de se placer dans une position convenable, tantôt l'on est debout, parfois l'on est couché sur le ventre, sur le dos, sur le côté, à moins que l'on ne soit tout simplement assis. Il peut arriver aussi que l'on soit transporté la tête ou les pieds en avant, dans un courant horizontal, oblique ou vertical. Avec la sensation de montée ou de descente. En général, chaque fois que le courant est latéral, l'on peut avoir confiance ; mais lorsqu'il est dirigé verticalement, avec une sensation de descente, il faut se méfier.

Ainsi, au cours d'une expérience, j'observais paisiblement un magnifique panorama qui se déroulait sous moi, lorsque tout à coup, sans motif apparent, le courant qui me transportait changea de direction et j'eus la sensation de descendre à une vitesse vertigineuse. J'observais différentes images. La dernière fut une sorte de boyau dans lequel je fus enfermé. À mesure que je descendais, ce boyau se rétrécissait et provoquait en moi des sensations correspondantes. J'avais l'impression d'être compressé et je suffoquais littéralement. Sans perdre mon sang-froid, je me mis à sourire et j'appelai mentalement mes Guides. Bientôt un tourbillon m'enleva de cette situation désagréable et je poussai un soupir de soulagement lorsque je me vis dans un espace libre.

Le transport dans ces courants électromagnétiques donne la sensation d'être emporté dans un courant d'air formidable, à une vitesse vertigineuse, dans un milieu nuageux, sortes de cumulus, tantôt noirâtres, parfois grisâtres, avec des éclaircies permettant de discerner un paysage quelconque. Le transport dans une atmosphère claire est beaucoup plus rare.

Ces courants éthériques vitalisent en quelque sorte la forme physique. Dans les autres catégories de dédoublement, l'on peut en conserver une légère courbature. Dans celle-ci, l'on est rarement fatigué. Au contraire, l'on reprend sa forme physique avec une excellente impression et un surcroît d'énergie vitale. Quelle que soit la banalité des faits que l'on a observés au cours de l'expérience, l'on en revient avec une conscience plus vive, plus active. Les détails les plus infimes sont d'une netteté remarquable. Le corps tout entier se trouve imprégné d'une radioactivité à la fois si douce et si puissante que les larmes viennent aux yeux. C'est en vain que l'on cherche une expression capable de définir un état de bonheur aussi complet, aussi réel, aussi vivifiant. L'exaltation d'une joie terrestre serait une mauvaise analogie, car jamais on n'a été aussi calme. C'est en quelque sorte une vie supérieure qui se déverse dans la forme physique et donne momentanément aux facultés une extension considérable.

La lucidité exceptionnelle de ce mode de dégagement a sa contrepartie dans ce fait que le souvenir disparaît plus rapidement. Aussi, une bonne habitude est de noter immédiatement les détails des observations, si l'on tient à les conserver. Un jour que j'avais tardé à les écrire, la mémoire m'est revenue par la fin, en remontant des dernières aux premières phases de l'expérience. Une autre fois, admirablement conscient des moindres détails de ma sortie astrale, j'eus à peine posé le crayon sur le papier que la mémoire me manqua subitement, sans qu'il me fût possible de me rappeler quoi que ce soit.

Voici d'autres exemples de dégagement par tourbillon.

Après être resté éveillé pendant une heure sans résultat, dans cette sorte d'excitation nerveuse qui précède souvent le dédoublement, je me sentis enlevé dans un violent tourbillon. Ne sachant où j'étais, ne voyant rien, j'appelai à l'aide et constatai aussitôt que j'étais dans ma chambre. Une sorte de lumière rosâtre illuminait l'atmosphère. Aussitôt que j'eus pris suffisamment conscience de moi-même et de toutes mes possibilités d'action, un vent d'éther me saisit et me transporta parmi des nuages gris. Étendu sur le dos, sans qu'il soit nécessaire de ne faire aucun mouvement, j'avais une excellente impression de calme et de sécurité. La conscience, douée d'un degré de lu- cidité supérieur aux expériences habituelles, j'étais placé dans les meilleures conditions d'observation. Aucune sensation, aussi faible soit-elle, ne pouvait m'échapper. Tout en étant entièrement libre, sans qu'une faculté domine l'autre, une sorte d'intuition clairvoyante imprégnait la conscience et me donnait l'impression que toutes mes connaissances précédentes étaient là, prêtes à se manifester. J'avais la sensation que toutes mes facultés étaient en éveil, avec le sentiment d'une Unité consciente de ses pouvoirs, sans qu'au- cune vibration étrangère ne vienne troubler l'harmonie d'une telle certitude.

Je fus transporté ainsi, à des milliers de kilomètres, dans un paysage fami- lier de mon enfance. Je traversais les obstacles matériels comme de simples images et, après avoir observé des détails vécus dans ma jeunesse, le courant se ralentit et me ramena dans mon corps.

Par lui-même, ce dédoublement n'a rien d'extraordinaire. Ce qui en fait pour moi la valeur, c'est la super-netteté, la super-légèreté, la superconscience que j'ai éprouvées.

Dans un autre cas, je fus pris par l'un de ces courants magnétiques au cours d'un dédoublement. Contre mon habitude, je m'étais dédoublé le soir et, après avoir vu des visages grimaçants, je me trouvai sans transition déposé délicatement dans ma chambre. Après m'être promené un instant, je ne fis aucune remarque digne d'intérêt. Mon double me parut légèrement coloré, quant au corps physique, étendu inerte, sans connaissance, il ne m'intéres- sait guère. Je décidais de me rendre à un point de la terre, situé à quelques milliers de kilomètres et je passai à travers le mur de la chambre. Je l'avais à peine franchi que je fus arraché par un violent tourbillon et transporté avec une rapidité extrême dans un nuage noir. Je me trouvais dans une position couchée et, comme ce noir ne me paraissait pas très favorable, je voulus me placer debout. Je ne pus y réussir. Mon double tourna sur lui-même dans un mouvement de rotation, semblable au « soleil » usité en gymnastique, et je continuai à parcourir l'espace dans cette étrange culbute.

J'appelai à l'aide, cette situation pénible cessa enfin et je repris ma position normale. Le nuage disparut et je passai avec la même vitesse fantastique à travers des quantités de maisons. Dans cette expérience, j'observai une sorte de traînée phosphorescente, laissant derrière moi un sillage lumineux. Enfin ce courant se ralentit et je repris mon habitation terrestre.

L'ÊTRE HUMAIN CONSCIENT PRÈS DE SA FORME PHYSIQUE

Se séparer en deux parties, dans un lieu familier, agir en toute conscience, avec toute la liberté désirable et penser que l'on est encore vivant sur terre, résume le plus grand triomphe du Moi pensant sur la matière.

Ce triomphe n'a pas de limite et l'être humain peut, s'il le désire, pénétrer les dimensions successives de la substance pour aboutir à l'extrême vitesse, coïncidant à la dimension la plus simple des atomes de notre système d'Univers.

Nos connaissances ordinaires, notre éducation, nos mœurs, nos coutumes étant en contradiction flagrante avec cette réalité expérimentale, l'on éprouve à la première tentative de dédoublement un choc qu'il faut être prêt à supporter.

La réalité est si brusque que tous les mots inventés par les humains sont sans valeur devant le fait accompli. Devant une telle évidence, dont on doute jusqu'au dernier moment, tous les raisonnements contradictoires de la Science, de la Religion et de la Philosophie s'écroulent lamentablement, sans qu'il en reste trace. En même temps, un flot de « Pourquoi » et de « Comment » surgit de toute part et cette surabondance d'idées donne la sensation de recevoir un coup de massue. Elle est de courte durée. Bientôt, la réussite d'une expérience aussi problématique, la joie intime de connaître enfin la réalité vraie, en dehors de toute spéculation sentimentale et intellectuelle, donne à l'opérateur tous les espoirs, toutes les certitudes que lui avait enlevées la Civilisation.

Ce qui est le plus stupéfiant dans cette réalisation, c'est la facilité avec laquelle disparaissent tous ces enseignements séculaires. Aussitôt réduits à néant, ils crèvent comme des bulles de savon. Sur-le-champ, l'on reste confondu de tant d'efforts accomplis par les hommes depuis des siècles de civilisation, pour aboutir à cette catastrophe finale. Cependant, lorsque l'on réfléchit, l'on s'aperçoit que c'est précisément l'incertitude de ces opinions qui nous a amenés à accomplir les efforts nécessaires pour aboutir à la certitude expérimentale d'aujourd'hui.

Les premières surprises passées, c'est avec joie que l'on recommence à s'évader de sa prison de chair. Dans ce nouveau domaine, l'on contemple avec plaisir ses objets familiers. L'on se promène dans son appartement avec une sensation inaccoutumée de force et de confiance. Les idées sont plus précises que dans la vie terrestre. Bref, c'est une vie incontestablement supérieure à l'existence terrestre.

À chaque expérience, les mêmes joies se renouvellent. L'impression dominante est un caractère de sécurité, semblable à celui que l'on éprouve en rentrant chez soi après quelque temps d'absence. Et cette impression de confiance, cette sensation de rentrer chez soi est proportionnelle à la qualité « force » de la substance dans laquelle on se dédouble.

La forme qui s'extériorise ainsi près du corps physique est assez matérielle. Elle contient la sensibilité du corps organique et ne peut guère s'en éloigner que d'une dizaine de mètres. Il est donc naturel que, dans cet état, l'on soit porté à faire les mêmes gestes que dans la vie ordinaire. Ainsi, pour sortir de sa chambre l'on est obligé de faire le simulacre d'ouvrir la porte ou la fenêtre. À plusieurs reprises, j'ai voulu passer à travers les murs et, malgré toute ma volonté, je n'ai réussi qu'à éprouver une douleur à la tête, comme si mon corps physique avait été présent. Beaucoup plus tard, j'y suis parvenu. D'abord, ces murs m'ont semblé mous, puis je les ai traversés comme s'ils n'existaient point. Et cela parce que j'extériorisais un double moins matériel, plus radioactif que les précédents.

L'atmosphère de la chambre suit les mêmes variations. Une faible phosphorescence lui donne une luminosité spéciale. Quoiqu'assez sombre, l'on s'y reconnaît cependant suffisamment. Lorsque la sensibilité magnétique du double augmente, l'atmosphère se clarifie.

Voici quelques exemples de dédoublement dans la chambre.

J'avais tenté une expérience, le soir, sans être déshabillé, simplement étendu sur mon lit. Je pensai simplement à me dédoubler, sans autre exercice et je fermai les yeux. Bientôt une image se dessina. Je fis l'effort nécessaire et j'éprouvai la sensation d'être comprimé, comme si je me faufilais dans une étroite ouverture. Enfin je me levai de mon lit avec ma seconde forme. Quoique j'eusse déjà une année d'entraînement lorsque je réalisai cette expérience, dès que je pris conscience de mon double état, j'éprouvai une peur instinctive. Je me maîtrisai, mais, malgré ma volonté, la suggestion de crainte avait produit son effet. Je sentais des milliers de liens invisibles qui m'attiraient dans ma forme physique. Je résistai de toutes mes forces et j'observai curieusement autour de moi. Tout était sombre. Le feu de la cheminée projetait une légère lueur et je constatai que, contrairement aux affirmations de certains auteurs, les murs n'étaient pas transparents. Avec la main droite, je me serrai le poignet gauche, il me parut ferme. À ce moment, j'entendis siffler l'air «Au drapeau». Quoique je ne visse rien, je pense que ce fut à moi que s'adressait ce discours. Cependant, l'attraction n'avait pas cessé et je dus céder. J'ouvris les yeux, je pris note de ces observations et, après m'être déshabillé et couché, je tentai une nouvelle expérience.

J'avais concentré mon attention sur les opérations suivantes : rapporter sur mon lit une feuille de papier placée en face, sur une commode, examiner plus attentivement les lieux. Je m'endormis et m'éveillai vers minuit, avec le vague souvenir d'avoir volé, à une grande hauteur, au-dessus de bâtiments quelconques. Après avoir regardé l'heure, je fermai les paupières. J'avais à peine terminé ce mouvement que je sortis de mon corps d'une façon assez curieuse. J'étais en équilibre sur les mains et je fis ainsi le tour de la chambre, les pieds en l'air. Revenu près du lit, je repris la position naturelle. Quoique le feu de la cheminée fût éteint, la chambre me parut moins sombre que la première fois. J'étais très calme, aucune attraction ne me sollicitait. Ayant réfléchi aux décisions que j'avais prises, je me rendis près du meuble, mais je vis deux feuilles de papier au lieu d'une. Je les pris toutes deux et les plaçai sur le lit. Ensuite, j'allai m'asseoir dans un fauteuil en méditant sur cette étrange situation. J'examinai mes mains et mes pieds, ils me parurent semi-matériels, comme dans un cliché de rayon X. Enfin, ne voyant rien autre chose de particulier, je décidai de changer de dimension et d'aller voir un de mes amis. J'allai sur le balcon, d'un léger saut je fus dans la rue. Je n'avais pas fait cinquante mètres qu'une force irrésistible m'attira en arrière et m'obligea à réintégrer mon corps. J'ouvris les paupières, j'écrivis les détails de l'expérience et je constatai que le papier n'avait pas bougé du meuble où je l'avais placé.

Vers trois heures du matin, je tentai un troisième dédoublement. Cette fois, l'atmosphère était encore plus lumineuse. Quoique les volets fussent fermés, je distinguai à travers un beau ciel bleu. Je recommençai mon examen précédent. Je soufflai sur le papier décidément récalcitrant. J'examinai mes bras et, comme tout à l'heure, je trouvai un noyau solide au toucher, avec une ambiance de radiations grises, comme dans un cliché radiographique. Enfin je rentrai dans mon enveloppe de chair. Le papier n'avait toujours pas bougé.

Depuis que j'ai fait ces essais, je me suis rendu compte de la possibilité d'extérioriser un double de densité variable, entraînant des pouvoirs et des observations de même nature.

Dans un exercice de même genre, je pris conscience de moi-même par la sensation d'un ralentissement de la respiration, suivi d'un effort pour sortir d'un endroit étroit, et aussitôt je me sentis plus libre, sans aucune gêne. Cette fois, la chambre me parut assez sombre. Je contemplai sans enthousiasme ma forme physique, dont la figure était à demi enfouie sous les draps. Je la touchai, elle me parut molle. Je m'embrassai moi-même et j'en retirai la même sensation que lorsque l'on embrasse une personne morte depuis peu de temps. Au milieu de l'obscurité légèrement transparente de l'atmosphère, ce corps tiède, inerte, sans rigidité musculaire, a un caractère assez lugubre. Cependant, je songeai à la décision que j'avais prise en tentant l'expérience. Me rendre à quinze mille kilomètres de l'endroit où j'étais, pour rendre visite à une personne amie. À cet effet, je me dirigeai vers la fenêtre. Comme j'essayai de passer à travers, j'éprouvai une résistance impossible à vaincre et je pensai que mon double, trop matériel, s'y opposait. Je fis donc le simulacre d'ouvrir cette fenêtre et je m'élançai dans l'espace en pensant à la personne que j'allais voir. Mon voyage fut assez rapide. À plusieurs reprises j'éprouvai une impression de fatigue et je dus m'arrêter. Après avoir prié, les forces me revinrent et j'arrivai sans encombre au terme du voyage. J'embrassai la personne en question, qui me fit remarquer que je ne possédais ni ventre ni pieds. Je lui répondis que, dans cette dimension, l'on conservait seulement l'apparence de la partie supérieure du corps. Tout en conversant de choses et d'autres, je remarquai que cet exercice me fatiguait. Dès que je cessai de parler, je reprenais des forces. Enfin, je revins dans mon corps, calme et bien reposé, alors que j'étais légèrement déprimé en tentant l'expérience.

À propos de la question « temps », notons que sa valeur est inversement proportionnelle à la radioactivité de la substance dans laquelle on se dédouble. Elle atteint l'instantanéité dans l'essence force des Mondes supérieurs. La Prière est également un mot qui doit être débarrassé de toutes les superstitions qu'on lui attribue. Dans l'invisible, prier est synonyme d'appeler, de demander aide et protection.

Voici un autre dédoublement effectué avec une forme douée de vibrations encore plus subtiles.

Sans exercice préliminaire, je pensai simplement à me dédoubler. Je pris conscience de moi-même dans l'acte même de l'extériorisation. J'avais la sensation et la vision d'être étendu à plat ventre sur une table. Les bras allongés devant moi, je prenais les rebords de cette table imaginaire, en tirant pour m'aider à sortir de quelque chose. J'avais l'impression d'être enfermé dans un sac, dont l'ouverture trop étroite était une entrave. Enfin, mes efforts furent couronnés de succès et je me vis près de mon corps, en pleine possession de mes facultés psychologiques et conscientes. Je me regardai dormir un moment, puis, après avoir embrassé ma femme et mes enfants, je partis dans l'espace, dans la direction de l'Est. Pendant quelque temps, je voguai dans une position normale, c'est-à-dire debout dans le milieu atmosphérique, le corps légèrement oblique, la tête en avant, le visage tourné vers l'horizon, si je puis m'exprimer ainsi. Tout à coup, j'éprouvai une attraction, qui me renversa sur le dos et m'entraîna les pieds en avant, dans une direction inconnue. Sans perdre mon sang-froid, je me laissai conduire, tout en redoublant d'attention. J'arrivai dans un endroit de l'espace représentant une chambre. Plusieurs personnes étaient assises, près d'un monsieur couché. Après m'avoir dit le nom de la personne malade, l'on me fit asseoir et je causai avec mes voisins sur différents sujets. Je quittai cette société et je revins dans mon corps pour noter ces détails. Seule la nature des sujets traités disparut de ma mémoire. Je me dégageai une seconde fois de ma forme physique. Je vis alors mon Guide à qui je posai différentes questions, dont j'ai, cette fois conservé la mémoire. Enfin, au lieu de rentrer comme d'habitude, directement dans mon corps, je m'arrêtai dans la chambre, pour me rendre compte de la différence entre un double condensé et une substance plus raréfiée, comme celle que je venais d'utiliser. L'atmosphère de la chambre était beaucoup plus lumineuse que d'habitude. Je vis ma femme remuer dans le lit, sans en éprouver aucune vibration. Puis je m'exerçai à entrer et sortir successivement de mon enveloppe organique. La ténuité de la forme extériorisée me permettait de faire cet exercice sans aucun effort. Ce double suivait l'impulsion de ma pensée avec une facilité prodigieuse. À peine avais-je formulé le désir de rentrer dans mon corps qu'immédiatement je sentais nettement le lit sur lequel ce corps reposait. La lourdeur des membres, la respiration difficile, considérablement affaiblie, le froid de l'atmosphère terrestre, les mille bruits de la rue, bref, j'étais dans mon enveloppe physique. Désirais-je sortir ? Aussitôt ces sensations disparaissaient. Je voyais mon corps étendu sur le lit, je me promenai dans ma chambre avec une aisance plus grande que d'habitude. Lorsque j'ai eu réitéré cet exercice, autant de fois que cela m'a plu, j'ouvris les paupières, sans que ce mouvement nuise en quoi que ce soit à la précision des détails que je venais d'observer.

LEUR LIAISON ÉNERGÉTIQUE

Quelle que soit la densité des molécules composant la substance que l'on utilise pour pénétrer les autres dimensions de l'espace, la liaison du corps physique au double s'effectue par une sorte de cordon. L'extension de ce cordon semble illimitée. L'on peut le comparer à une fusée d'artifice au moment où la gerbe s'ouvre dans l'espace. Cette gerbe aboutit sur toute la surface du double par des milliers de fils très fins, très élastiques, qui semblent l'aspirer.

Lorsque l'on veut examiner ces détails, il faut s'exercer à rentrer lentement dans son corps. À mesure que l'on approche de sa forme physique, l'on sent nettement ces liens qui vous attirent, vous pompent, pour ainsi dire, et l'on a l'impression de fondre dans son corps matériel. À mesure que cette impression s'accentue, l'on éprouve les sensations matérielles du corps physique. Éloignées d'abord, puis de plus en plus fortes, jusqu'à l'absorption complète du double.

D'après plusieurs essais, il semble en ressortir le principe suivant : le rapport existant entre la forme physique de l'être humain et la substance de ses autres corps est inversement proportionnel à la puissance électromagnétique de cette substance.

Autrement dit, le double est d'autant plus rattaché au corps physique qu'il est d'une composition plus grossière, plus inférieure. La transmission des vibrations de l'un à l'autre suit la même progression. Ainsi s'expliquent les blessures, la mort des malheureux sorciers, dont le double, trop dense, transmettait au corps physique les coups qu'on lui infligeait.

À mesure que l'on gagne des régions plus quintessenciées, les relations entre le corps et la forme consciente sont moins tendues et l'on peut dire que l'extériorisation de l'Être spirituel est l'acte exigeant le minimum d'effort et de dépense d'énergie mécanique. Par contre, il exige un entraînement spécial, pour débarrasser la Conscience supérieure de ses attaches avec la substance des autres dimensions.

Au début de mes exercices de dédoublement, j'ai constaté, à plusieurs reprises, les difficultés de toutes sortes causées par l'utilisation d'un double trop matériel. Tout vous gêne. Toutes les vibrations qui affectent le corps parviennent au double avec une intensité inouïe. Les sensations éprouvées par le double sont également plus matérielles. Le cordon fluidique reliant la forme organique et la substance éthérique suit la même sensibilité. L'intimité de ces relations m'a permis d'expérimenter de curieux cas d'ubiquité.

En voici un exemple. Dédoublé, je parcourais l'espace au-dessus d'un superbe paysage, donnant l'impression d'être ensoleillé. J'en distinguais nettement les moindres détails. J'arrivais près de la mer dont je voyais les flots battre la terre ferme et je m'asseyais un instant sur des marches en ciment, près desquelles jouaient des enfants. Avec délices, je respirais l'air salin, pendant qu'un vent frais me fouettait le visage. Les sensations très matérielles de cet état se compliquaient d'autres vibrations transmises par le cordon astral. Pendant ce dégagement, l'on marchait dans la chambre et chaque oscillation du plancher me parvenait comme une secousse formidable qui, à chaque fois, m'attirait un peu plus vers mon corps physique. J'étais parfaitement conscient de ces deux états simultanés et, tout en goûtant le charme de ce dédoublement, ma volonté luttait vigoureusement contre l'attraction de ces milliers de liens invisibles. Enfin, je ne fus pas le plus fort et je dus réintégrer mon domicile.

La description, banale en elle-même, de ce double état de conscience ne donne pas la millième partie de la réalité. Ainsi, je savais parfaitement que j'étais libre de faire cesser mon dédoublement ou de le prolonger. En même temps, je me rendais compte de la nature des attractions qui me sollicitaient et je cherchais le moyen de les atténuer. Ma volonté triompha un moment, mais je dus finir par céder.

Là encore, il y a une question d'entraînement et il est possible de neutraliser cette fâcheuse sensibilité du lien astral.

LES MODES DE TRANSPORT DE L'ÂME HUMAINE DANS L'INVISIBLE

Lorsque l'on expérimente dans sa chambre, ou lorsque l'on descend normalement de chez soi, pour marcher sur le sol, les actes à accomplir ne diffèrent pas de ceux que nous avons l'habitude de faire. Mais lorsqu'il s'agit de se précipiter dans le vide, c'est autre chose.

Tout d'abord, avant de vous livrer à cet exercice, je crois qu'il est bon de vous assurer que votre forme matérielle est bien restée à sa place. Supposez un instant que vous soyez en somnambulisme et que vous habitiez le sixième étage. La courbe que vous décrirez dans l'espace sera peut-être gracieuse, mais le dénouement manquerait de charme.

Comme nous n'avons pas l'habitude de planer comme les oiseaux, au début je me suis élancé dans le vide en effectuant les mêmes mouvements que dans l'eau. Et c'est en simulant l'action de nager que je voguais dans l'espace.

Peu à peu, ces mouvements se sont perfectionnés. Au lieu de nager dans la position normale, le visage tourné vers le sol, j'ai commencé à me mouvoir sur le côté. Ensuite, j'ai fait « la planche », en poussant avec les pieds. Enfin, je me suis dirigé horizontalement, à l'aide d'un simple désir, en joignant les mains, les bras étendus devant moi, comme pour mieux fendre l'éther.

Lorsque l'on se trouve au-dessus d'un sol matériel ou éthéré, l'impression de vide est moins grande. L'on se contente de glisser, debout, sans qu'il soit nécessaire de ne faire pour cela aucun geste.

La crainte du vide que l'on éprouve dans les débuts est due à la formidable réalité consciente du dédoublement. Dans un rêve, l'on ne craindrait pas. Dans un songe, ce serait naturel. Mais là, en pleine possession de la conscience ordinaire transférée de son enveloppe physique au double, avec sa sensibilité matérielle et toutes ses facultés spirituelles, il y a de quoi hésiter.

Craintive dans ce nouveau domaine, dont elle ignore tout, la conscience ordinaire est bientôt rassurée par l'exercice de ses nouveaux pouvoirs. À mesure qu'elle les exerce, la confiance renaît. Toutefois, ce n'est qu'après plusieurs années d'entraînement dans les différentes dimensions, que cette conscience parvient à discerner la réalité et la valeur des scènes auxquelles elle assiste ; la puissance des pensées et des actes qu'elle est capable d'accomplir.

Les facilités de transport suivent la même progression. À mesure que l'on extériorise une forme plus légère, toutes les facultés acquièrent un développement proportionnel. Non seulement l'on ne fait plus aucun geste ayant pour but de se mouvoir dans un sens ou dans l'autre, mais on n'y pense même plus.

Chargé d'une mission dans une certaine région de l'Espace, j'ai noté un jour les caractéristiques suivantes : j'accomplissais le travail qui m'avait été confié, sans réfléchir à la façon dont j'allais me diriger. L'atmosphère où j'étais, d'un gris assez clair, n'avait pas de limite apparente. J'allais, je venais, en haut, en bas, latéralement, obliquement, dans tous les sens, sans aucun effort, sans y penser. Je me rendais au point où m'appelaient mes occupations, d'une façon toute naturelle. Ces mouvements s'accomplissaient aussi instinctivement que dans le déplacement d'un bras ou d'une jambe dans l'état terrestre. Je me sentais nettement le maître absolu de cet espace si rebelle lorsque nous sommes sur terre. La position dans laquelle on se tient normalement est celle-ci. L'on a la sensation d'être debout, avec une légère inclinaison en avant. L'on flotte ainsi, dans l'éther, en regardant devant soi et, lorsque l'on change de milieu, lorsque l'on passe d'une dimension à une autre, l'on conserve toujours une certaine obliquité, comme s'il s'agissait de suivre la tangente d'un plan sphérique.

Dans le dégagement par tourbillon, la violente sensation du courant qui vous entraîne détruit l'idée de faire des mouvements. D'ailleurs, c'est une force irrésistible. Tout ce que l'on peut faire, et l'on ne réussit pas toujours, c'est de se mettre debout, le bras droit étendu, l'index et le médium allongés, comme dans le geste de bénir. C'est ce que l'on nomme la position de défense. Si l'on n'éprouve aucune crainte, il n'y a qu'à se laisser conduire. Je vous ai déjà dit les positions à éviter. Être entraîné, par exemple, les pieds en l'air, avec une sensation de descente ou de montée verticale, n'est pas à conseiller.

Enfin, j'ai expérimenté un mode de transport vraiment original, dans un espace où la notion temps était complètement disparue. L'opération semblait se comporter comme dans un tir à longue distance, où l'obus gagne une région de moindre résistance pour descendre à l'endroit prévu. J'ai rapproché ce fait d'une théorie émise en Relativité, supposant, outre de l'éther matériel entraîné par tout corps qui se déplace, un « suréther » qui transmettrait des vibrations indépendantes de l'éther plus condensé. De telle sorte que la propagation d'un train d'ondes se ferait dans le suréther à une vitesse «x», après avoir traversé l'éther à la vitesse de la lumière.

Voici l'expérience en question. J'avais projeté ce jour-là toute une série d'expériences dans la chambre. Je devais faire tomber une balle placée sur un meuble, imprimer mes empreintes digitales sur une plaque saupoudrée de farine, etc. Cependant, une fois dédoublé, je changeai d'avis, après avoir réfléchi à ces décisions. Je résolus d'aller voir une personne, habitant à des milliers de kilomètres de l'endroit où j'étais. Posément et consciemment, je me dirigeai vers le mur de la chambre, dans l'intention de passer à travers, lorsque tout à coup une fenêtre sans ouverture, munie seulement d'un grand carreau, se plaça mystérieusement devant moi. Connaissant par expérience la nature de cet obstacle suscité par une puissance inconnue, je n'en fus pas effrayé. Le bras droit étendu, pointant l'index et le majeur, je fis lentement sur cette image le signe de la croix. La fenêtre disparut, mais fut aussitôt remplacée par une autre. Je répétai le même geste, j'obtins le même résultat, avec la même apparition d'une nouvelle fenêtre. Une troisième fois je répétai le signe protecteur, j'avais à peine terminé mon geste que je partis en même temps que l'image. Immédiatement, sans aucune notion de durée, je me suis trouvé instantanément transporté à quinze mille kilomètres. Interloqué d'une rapidité contrastant avec les expériences habituelles, je ne pouvais douter de la réalité. J'étais dans la rue de la ville en question, marchant comme un promeneur ordinaire, et tout en me dirigeant vers l'habitation de la personne, je réfléchissais sur ce transport original. En même temps, je notai en moi un degré de légèreté, de super-netteté, de superconscience que je n'avais jamais ressenti avec autant d'intensité. Comme j'ignorais l'endroit exact où habitait la personne que je désirais voir, je fus soudain attiré vers le second étage d'une maison inconnue. J'y trouvai cette personne. Je notai les détails de l'ameublement et je remarquai en passant que les ouvriers procédaient au pavage de la rue.

Revenu dans ma forme physique, je me dégageai de nouveau avec une aisance inaccoutumée. Un léger zéphyr[1] me transportait dans l'espace et obéissait à la moindre influence de ma volonté. Revenu sur terre, j'ai conservé toute la journée une empreinte des oscillations radioactives de cet état supérieur. Aucune expression ne peut définir la superconscience de cette dimension. L'on a présent à l'esprit les moindres particularités de l'expérience, avec un luxe de détails inouï, sans qu'il soit nécessaire de ne faire pour cela

---

1. Brise légère, vent doux et agréable.

aucun effort. Aucun voile, aussi léger soit-il, ne vient troubler la lucidité et la liberté admirables de cette super-dimension.

J'écrivis les détails de l'expérience à la personne que j'avais été voir et deux mois après j'en recevais la confirmation.

De l'ensemble des essais effectués dans les différents degrés de la matière force, l'on peut dire que l'Âme humaine se transporte avec une vitesse proportionnelle à la qualité « Force » de cette substance. À l'extrémité positive de cette qualité, l'on aboutit à « l'instantanéité ». Le Temps et l'Espace, différenciés dans les mondes où domine l'énergie sous son aspect centralisateur, s'unissent peu à peu dans les autres dimensions. L'extension centrifuge des atomes augmente l'étendue de l'espace circonscrit. Le temps perd sa valeur et l'instantanéité est la qualité ultime de l'Unité, dont la trajectoire suit un plan tangent à l'extrême limite de notre Univers.

DE QUELLE FAÇON LA CONSCIENCE
HUMAINE EXERCE SES POUVOIRS

Étant donné les caractéristiques des différents états invisibles de la substance, le récit de ces expériences ne donne qu'une idée très approximative de la réalité. Ce qui fait la valeur de la vie dans ces régions encore inconnues de l'éther est presque intraduisible.

L'unité de pensées, de jugements et de sensations, la liberté et la puissance qui les accompagnent au même instant résument l'exercice de facultés inconnues ici-bas. Il n'existe donc pas d'expression simple pour les définir. Ces synthèses de facultés entraînent tout un monde de sensations délicates et variées. Si l'on y joint des états de conscience de grande envergure, il s'ensuit une lucidité incroyable d'effets multiples, à l'aide des quelques causes qui les régissent. À mesure que l'on pénètre dans les états plus quintessenciés de substance, cette lucidité augmente pour atteindre sa plénitude au point de tangence extrême de notre Univers avec l'Infini dans lequel il gravite.

Dans cet état suprême, l'homme est devenu un Dieu fécondant sa portion d'Univers de la vie consciente, dont il est devenu à la fois le centre et la périphérie.

Dans l'invisible, la Conscience représente l'Être humain lui-même. Toutes les expressions, toutes les qualités, toutes les facultés, au moyen desquelles on définit l'Être humain aboutissent en dernière analyse à cette Unité synthétique : la Conscience.

Cette Conscience juge, délibère, agit avec une liberté et une lucidité proportionnelles à la somme d'attractions qu'elle est capable de mettre en œuvre. À mesure que cette somme d'attractions augmente, les Causes qui les déterminent diminuent et réciproquement. En fin de compte, la Conscience se localise à l'extrémité de l'échelle, au point maximum de la Force, dans une Unité radioactive, lui donnant accès à la Multiplicité phénoménale des Effets et des Causes, dans toutes les dimensions.

L'ordre universel, permettant l'accès à des pouvoirs aussi fantastiques, est le seul Dieu rencontré par l'Être humain dans ses pérégrinations. C'est par Lui que l'on a accès au monde phénoménal. C'est lui qui permet l'éclosion de ces étranges facultés et c'est encore Lui qui, dans l'infini des espaces, comme dans l'atome de tous les systèmes d'Univers permet l'évolution de la vie et de la conscience.

Pour vous aider à discerner ces résultats de l'expérience, supposez un mécanicien ayant à sa disposition un clavier, représentant les directives du monde. Chaque touche correspondrait à un ensemble de phénomènes. Admettez que les touches de ce clavier se réduisent progressivement et que tout l'ensemble phénoménal de Causes et d'Effets qui y correspond se mette en branle sous l'influence de sa volonté. Pour être complet, il faut encore supposer ce mécanicien ayant l'esprit entièrement libre, sans aucune pensée dominante. Il faut le voir agissant sans effort, en toute certitude, sans l'ombre d'une hésitation, en dosant mécaniquement son impulsion, dans le sens, à l'endroit et suivant la nature de l'équilibre à réaliser.

Ce qu'il y a de remarquable et de tout à fait incompréhensible à notre mentalité de Terriens, c'est que, dans l'invisible, l'on puisse discerner de telles possibilités, sans que l'auteur ait l'esprit tourmenté par la masse des idées. Et plus on se rapproche des directives du monde, plus l'Esprit conscient s'affranchit de l'arsenal d'attractions composant l'Univers. En définitive, l'on peut dire que l'Être humain se résorbe dans un Point infinitésimal, que l'on peut définir : une Conscience au repos.

L'imagination la plus hardie ne pourra jamais concevoir la Puissance formidable de l'Énergie ainsi constituée. Seule l'expérience dans ces hautes régions permet de se rendre compte que si la conscience humaine est capable de mettre en œuvre les leviers du monde, c'est précisément parce qu'elle s'est dépouillée de toutes formes pour se résorber dans un des Principes de l'Ordre universel dont Elle est devenue une Canalisation consciente.

Sur terre la mémoire des phénomènes est indispensable, si l'on veut approfondir les Causes qui les régissent. Dans l'invisible, cette mémoire est replacée par la super-sensibilité de la Substance dans laquelle on pénètre. Le système oscillant utilisé par la Conscience vibre en synchronisme avec cette substance et transmet à son auteur toutes les longueurs d'onde qui s'y manifestent.

Imaginez la progression, la perfection d'un tel système et vous aboutirez à l'union parfaite du support de la Conscience avec le milieu ambiant. Dans sa raréfaction progressive, l'éther augmente de sensibilité vitale qui communique avec les états inférieurs. Sans s'y laisser absorber, sa dimension pénètre toutes les autres et l'on peut considérer la conscience humaine capable de se localiser dans chaque atome de cet état suprasensible de l'Univers.

Cette hypothèse vous donne exactement l'échelle des pouvoirs que l'on observe dans la réalité expérimentale. Le résultat pratique correspond en effet à une sensibilité progressive et clairvoyante, donnant lieu à des pouvoirs plus étendus. Cette sensibilité enfante une gamme de sensations, dont la délicatesse incroyable donne à la Conscience tous les renseignements dont elle peut avoir besoin. À l'instant même et au moment précis où ces renseignements parviennent à la conscience, celle-ci a déjà agi dans le sens nécessaire, à l'aide de facultés inexplicables, se résumant dans une impulsion d'Elle-même.

Il n'y a pas de Commencement ni de Fin, entre la Perception et l'Action. Percevoir c'est Agir et réciproquement. Et, à chaque fois que l'on exerce cet étrange pouvoir, l'on a l'impression de se donner « en entier », quel que soit la fraction ou l'ensemble de l'espace dans lequel on se trouve.

L'on peut comparer la sûreté et la délicatesse des opérations qui s'accomplissent dans ce domaine au travail d'un horloger. Lorsque celui-ci procède au montage d'une montre, il ne réfléchit pas aux mouvements qu'il va faire pour distribuer les pièces. Par habitude il placera ses rouages dans l'ordre nécessaire, en concentrant son attention sur l'idée de les poser d'aplomb. S'il connaît son métier, il lui est impossible de se tromper. Chaque pièce correspond à un emplacement déterminé. Elles ne sont pas interchangeables dans une même montre.

De même les Lois de l'Ordre universel ne sont pas interchangeables dans un même Univers et leurs rapports de Cause à Effet font partie d'un même Ordre de montage pour tous les systèmes d'Univers gravitant dans l'Infini.

Les observations effectuées dans les Mondes supérieurs nous permettent de mieux comprendre le mécanisme de la Conscience.

Chaque monde, chaque degré de concentration magnétique de l'éther dans lequel on se transporte, possède des possibilités d'action en harmonie avec les éléments qui le composent.

Lorsque l'on se dédouble dans une de ces dimensions, la Conscience est donc limitée par la nature même de la substance dans laquelle elle se trouve plongée. Pour augmenter ses pouvoirs, il lui faut vivre dans une atmosphère magnétique plus raréfiée. Et comme l'Être humain ne peut changer de dimension sans s'être dépouillé au préalable des attractions plus inférieures, il s'ensuit que chacun reçoit exactement la Puissance due à son Évolution.

La perfection mécanique de l'Univers entraîne une justice de même valeur. L'Être conscient ne forme plus qu'une Unité avec les Principes de l'Ordre universel. Il pense, il agit avec cet Ordre, dans cet Ordre et pour cet Ordre, et il lui serait impossible d'en concevoir un autre, parce qu'il n'en existe pas de plus parfait. Parvenu, par ses propres moyens, à un état de perfection, qu'il a discerné peu à peu, dont il a vécu les vibrations les plus infimes, il lui est matériellement et spirituellement impossible d'agir d'une autre façon. Le Bien et le Mal, différenciés dans les limites d'un Univers en évolution, n'ont plus aucune signification. Leur en attribuer une serait une faiblesse de jugement, puisque l'Être humain ayant vécu et apprécié toutes les modalités de l'un et de l'autre, a choisi, en accord avec la Nature, les éléments les plus parfaits qui font son bonheur.

Si nous résumons les notions pratiques de l'expérience : penser et agir résument dans l'invisible un même mode d'activité. Une sorte d'intuition sensitive lui rend compte de l'universalité de ses pouvoirs et de ses moyens d'action. Instinctivement, il sent qu'au moindre désir, à la plus faible attraction, à l'ombre d'une pensée, tout l'ensemble de ses facultés psychologiques vont se mettre en œuvre. Au même instant, il a compris, pesé, délibéré, agi sans que l'ensemble de ces fonctions nuise en quoi que ce soit à sa sérénité confiante, indice d'une Sagesse universalisée.

Lorsqu'on a réussi à pénétrer consciemment les dimensions successives des Mondes supérieurs, l'on en retire une stabilité plus grande dans les états inférieurs.

Cette remarque que j'ai notée, naturellement après plusieurs années d'expérience, est très importante. En effet, au début, l'on distingue difficilement les caractéristiques particulières à chaque dimension. Il y a un certain apprentissage pour lequel personne ne peut nous remplacer. L'on ignore ce que l'on peut et ce que l'on doit faire. L'on hésite et on se laisse facilement arrêter par des obstacles de toute nature.

Une fois que l'on a pris conscience des conditions de vie dans les dimensions supérieures, l'on ne tâtonne plus. La création d'une forme déplaisante ne peut plus nous intimider. L'on va droit au but et l'on agit avec une sûreté, une certitude, supérieure à celle du Plan dans lequel on se trouve.

La capacité progressive de mettre en jeu des accords plus serrés avec l'essence des phénomènes a pour résultat immédiat la sélection obligatoire des pensées que nous avons l'habitude d'utiliser sur terre. L'on en déduit que l'accord de l'Être conscient avec les Mondes supérieurs nécessite un ensemble d'idées « positives ». Et cette observation, née de l'expérience, résume toute la morale terrestre et extra-terrestre.

Le Principe moral est là, sans aucun doute, il fait corps avec la Conscience, avec l'état oscillant de l'éther dans lequel on exerce ses pouvoirs.

N'avoir que des idées positives, des désirs positifs, n'accomplir que des actes positifs, ne s'entourer que d'affections positives : telle est la morale de l'Évolution.

Se rendre positif vis-à-vis de nous-mêmes, être positif par rapport aux gens qui nous entourent, par rapport à la nature, à la substance dans laquelle nous vivons, par rapport aux faits de notre existence, résume le moyen le plus rapide de vivre dans les dimensions supérieures de l'éther.

Être positif indique qu'il faut accorder le système oscillant que nous utilisons comme corps dans l'invisible, avec le côté « Force » de la Substance.

Cette conduite est en relation directe avec la nature même de l'éther. Puisque l'aspect matière en représente le côté « négatif », en se dépouillant des attractions qui nous y attachent, nous évoluons fatalement. Pour condenser en soi le côté positif des vibrations, il suffit de vivre en ne désirant rien pour soi-même. En agissant pour l'utilité générale dans le plus complet désintéressement, aucune oscillation ne s'attache à vous. Vous devenez un générateur d'énergie. En soustrayant votre Personnalité consciente des influences de votre conduite, vous échappez à la Loi des réincarnations et à toutes ses conséquences.

Sans devenir une victime sociale, chacun peut agir de cette façon dans la mesure du possible. Être altruiste, orgueilleux le moins possible, rester simple de cœur et d'esprit dans toutes les circonstances est, il me semble, à la portée de tout le monde. Et la loi d'Évolution ne demande pas davantage.

Au début de mes expériences, j'ai observé à mes dépens les effets de la pensée négative dans les Mondes où elle ne peut vivre.

Je me trouvais un jour sur un plan assez élevé, causant agréablement avec des amis. L'on avait, pour la circonstance, créé l'image d'un salon, dans lequel nous étions confortablement assis. Sans le savoir, j'utilisai en causant une expression malheureuse. J'avais à peine terminé ma phrase qu'aussitôt j'eus la sensation d'un choc, suivi d'une descente vertigineuse, qui me ramena dans mon corps physique. L'impulsion avait été si brusque et je m'y attendais si peu que je restai un moment abasourdi, les paupières ouvertes, regardant autour de moi en me demandant ce qui avait bien pu être la cause de cette chute. J'ai noté les détails de l'expérience et plus tard, j'ai compris que chaque pensée était un monde de vibrations qu'il fallait sélectionner à mesure que l'on pénètre dans les régions où domine l'aspect Force de la

Substance.

Pratiquement, les images, les idées mises en œuvre par la Pensée, doivent «toujours exprimer une qualité», jamais un défaut. Toute idée relative à la fortune, à l'argent doit disparaître. Il faut chasser toute pensée d'orgueil et d'égoïsme. Toute image se rapportant à une idée du mal, de haine, toute pensée malveillante doit être oubliée.

Souvenez-vous bien de ces conditions. Elles sont indispensables dans les régions supérieures. C'est en quelque sorte une nécessité «mécanique» de l'Univers.

Aussi, dans une autre expérience, je voulais observer les effets de la prière dans l'invisible. J'avais utilisé ce jour-là les paroles du «Pater Noster» de la religion catholique. Au moment où je pensais ces mots «Délivrez-nous du mal» je ressentis une telle déperdition de forces, qu'une grande faiblesse m'envahit et me fit revenir immédiatement sur terre. Cette expression contenait une idée négative... Il eût fallu dire : «Fortifiez-nous dans le bien» afin de créer des vibrations de la même nature.

L'expérience de dédoublement dans les différentes dimensions de l'Espace permet de conclure en toute certitude, à un Ordre général des Principes en action dans l'Univers. La conscience humaine s'enrichit de toutes les expériences passées dont elle en conserve les accords fondamentaux. Dans l'invisible, la souplesse magnétique des oscillations de la substance lui permet de les mettre en jeu d'une façon naturelle, sans effort, dans une même synthèse de pensée et d'action.

L'Évolution de cette Conscience consiste dans un rapprochement vers les constances de l'Ordre Universel, afin de pouvoir vibrer en synchronisme avec Lui.

Ce potentiel d'énergie oscillante qu'est la Conscience humaine se développe par l'exercice d'une vie positive. Pour éliminer de son existence toutes les formes déprimantes, tous les désaccords engendrés par les images, les désirs et actes négatifs, il faut devenir un Centre attractif et positif de l'Univers.

Si nous résumons d'une façon pratique la conduite à suivre pour obtenir le maximum d'avantages avec un minimum d'effort, nous dirons qu'il faut penser, désirer, agir, aimer, dans un sens supérieur.

À chaque instant de la vie, il faut être prêt à exercer les pouvoirs majestueux d'une vie supérieure et, pour cela, il faut utiliser l'attraction universelle dans son sens le plus pur.

Quelle que soit la forme, le genre d'attraction qui nous sollicite, il ne faut jamais être passif vis-à-vis d'elle. Il faut que l'on en soit le maître conscient. Si elle est personnelle, déprimante, farouche, hostile, il faut lui enlever son caractère négatif; elle deviendra votre servante. Et, pour cela, la conscience doit être centrée sur ce qu'il y a de meilleur dans l'univers, sur les Principes d'ordre, dont l'harmonie nous est perceptible sous les multiples définitions du Bien, du Beau et du Vrai.

En recherchant dans toute chose le Bien désintéressé, en aimant la Beauté sous toutes ses formes, en désirant connaître la Vérité dépouillée de toutes les illusions humaines, en donnant à cet Idéal une impulsion de l'Être entier, sans aucune restriction, vous pouvez être certain d'être en complet accord avec les Constantes de l'Évolution.

LES OBSTACLES ET LES MOYENS DE DÉFENSE DE LA QUATRIÈME DIMENSION

Les obstacles que l'on rencontre dans les autres mondes de l'espace sont assez nombreux. Quelle que soit leur puissance, rappelez-vous que la condition essentielle pour les vaincre est la « pureté morale ». Sans elle, tous les autres moyens perdent leur efficacité et peuvent même devenir dangereux, en retournant vers leur auteur.

Pour celui ou celle qui aborde ces expériences avec un cœur sincère et une élévation certaine de la Conscience morale, le triomphe ne fait aucun doute.

Je viens de vous indiquer les relations existantes entre les lois morales et la composition mécanique de la substance de notre Univers. Vous avez pu vous rendre compte de leur importance et de leur valeur scientifique. Il ne reste plus rien du mot « morale » tel qu'on l'entendait précédemment. Son aspect moyenâgeux est complètement disparu. La morale n'est plus que la sélection intelligente des forces favorables à notre Évolution. Évolution imposée par la constitution énergétique de l'Homme et de l'Univers. La conduite morale permet à l'un de ces mondes de vibrer en synchronisme avec l'autre.

Les obstacles sont des moyens utiles pour prendre conscience de l'étendue de ses pouvoirs. Au début, l'on éprouve un certain plaisir à lutter contre les obstacles qui se présentent. Ensuite lorsque l'on a pris conscience de ses forces mentales, l'on n'y attache plus la même importance. L'on a la certitude de vaincre et l'on agit aussi familièrement que sur terre, dans le déplacement d'un objet. Enfin, après avoir pénétré les autres dimensions et avoir pris conscience de leurs caractéristiques, la défense n'est plus nécessaire, car les obstacles ne se présentent plus.

L'état de conscience précédant cette disparition est assez curieux. Lorsqu'il s'agit de se défendre contre des êtres vivants dans l'atmosphère invisible, l'on triomphe avec regret, je dirai presque douloureusement. L'on souffre d'être obligé de se défendre. Cette impression correspond assez bien à celle que peut éprouver un père obligé de punir ses enfants qu'il affectionne.

L'on rencontre dans l'invisible deux catégories d'obstacles. Les êtres vivants dans l'atmosphère inférieure, côté « matière » de la substance, et les images créées par nous-mêmes ou par des intelligences inconnues.

L'appel mental des Amis qui vous guident, l'élévation de la pensée vers les Plans supérieurs et le signe de la croix, extériorisant par le geste votre énergie mentale, suffisent comme moyens de défense dans tous les cas.

Pour comprendre la nature des obstacles et ces procédés de défense, il est indispensable d'avoir présent à l'esprit la définition expérimentale de la vie humaine dans l'invisible.

Jamais nous ne répéterons assez que ces éléments représentent le schéma, la trame de l'évolution.

La vie dans l'espace possède, avec la vie terrestre, deux différences essentielles :

1. Le principe de l'autorité, la puissance sont fonction de l'élévation morale de la Conscience ;
2. La vie dans la substance raréfiée des Mondes supérieurs nécessite le discernement et la localisation du Moi conscient, dans les directives de l'Ordre Universel.

De telle sorte qu'il est matériellement et spirituellement impossible aux Êtres d'évolution inférieure de vivre consciemment dans les mondes supérieurs, tant qu'ils n'ont pas enregistré en eux les accords synchrones aux oscillations de l'énergie radioactive de ces mondes.

Dans l'invisible, changer de dimension, changer de plan, d'état, équivaut à une transformation intrinsèque des éléments. Si l'on n'est pas capable de s'y adapter, il est impossible d'y vivre.

Sortez un poisson de son élément liquide pour s'adapter à la vie dans l'air atmosphérique, il devra mourir et renaître sous une autre forme.

Changer de plan, de dimension, équivaut à mourir, c'est-à-dire à abandonner des attractions, des désirs inférieurs, pour vivre dans une substance organisée à l'aide d'éléments plus subtils. Le système psychique suit le mouvement, il ne le précède pas.

En principe, la vie humaine sur la terre est la résultante de nos aspirations. Il suffit de vouloir pour ne plus y revenir. Si vous ne voulez pas vous adapter aux règles morales de l'évolution et du progrès de toute chose, si vous ne savez pas discerner les principes directeurs de l'humanité et vivre uniquement en ces principes, il vous sera matériellement impossible de vivre dans la substance des Mondes supérieurs et d'utiliser consciemment l'énergie de ses atomes extra-sensibles.

Les obstacles du Monde invisible proviennent donc de l'infériorité relative de nos aspirations, qui nous mettent provisoirement à la merci des oscillations inférieures de la substance et de ses habitants. À mesure qu'on localise ses affections dans un Idéal plus rapproché des Principes du Monde, à mesure que l'on travaille à comprendre ces principes et à les introduire en soi, l'on supprime les autres liens, l'on détruit toute communication possible avec les éléments de désordre.

L'abandon progressif des forces égoïstes et l'acquisition simultanée de l'énergie morale ne sont donc rien que les premiers jalons de l'Évolution, qu'il faut compléter par le discernement intellectuel des Effets et des Causes.

Ces jalons sont, dans tous les cas, une base nécessaire, indispensable. Ils favorisent la germination et l'éclosion des facultés supérieures de l'Âme. C'est pourquoi les précurseurs de tous les temps ont préconisé l'Union fraternelle, la tolérance réciproque et l'exercice de la bonté. Pour discerner la qualité des formes ou des êtres que vous pouvez rencontrer dans l'invisible, il faut considérer chacun des états de la substance dans laquelle vous vous trouvez comme une réalité présente.

Pour dépasser les limites d'une dimension, souvenez-vous qu'il faut abandonner une partie de sa propre substance.

Lorsque vous êtes sur terre, par exemple, une prison est un obstacle difficile à vaincre. Dédoublez-vous et ce n'est plus qu'une image à travers laquelle vous passerez, comme si elle n'existait pas. Par contre, qu'une forme astrale vous enferme et vous y êtes bel et bien prisonnier. Abandonnez le plan astral, dédoublez-vous dans une dimension supérieure et vous échappez aux influences malfaisantes. Si vous vous contentez de revenir sur terre, la prison astrale limitera vos influences psychiques. Seul l'exode dans un plan plus élevé peut vous libérer, ou à son défaut l'émission d'une énergie de même nature.

Chaque monde, qu'il soit terrestre ou extra-terrestre, est donc une réalité momentanée. Pour s'y soustraire, il faut l'abandonner et se réfugier dans une atmosphère plus puissante.

La qualité des Êtres avec lesquels l'on vient en contact est facile à discerner. Le système oscillant que l'on utilise comme double transmet immédiatement la moindre influence. Aux sensations, bonnes ou mauvaises, que l'on éprouve, il est facile de savoir à qui l'on a affaire.

Comme règle générale, rappelez-vous que, dans l'invisible, la conscience morale est toute puissante. Qu'il suffit souvent d'une pensée pour faire apparaître ou disparaître les formes que l'on désire ou qui nous déplaisent.

COMMENT L'ON Y DISCERNE
LA QUALITÉ DES ÊTRES VIVANTS

Plusieurs écoles d'occultisme citent comme obstacles essentiels les êtres d'évolution inférieure, auxquels ils ont donné des noms spéciaux.

Il est certain que, dans la substance épaisse et obscure des mondes inférieurs, grouillent des éléments de vie sur lesquels je juge complètement inutile de s'appesantir.

Je me contenterai de vous citer quelques exemples, où j'ai eu l'occasion de lutter avec de tels êtres malfaisants.

Le jour de cette expérience, je m'étais dédoublé avec l'idée bien nette de me rendre sur un plan supérieur. Comme j'avais encore peu d'entraînement, j'ignorais la façon dont il fallait procéder. Mon dégagement s'effectua aisément. La conscience aussi lucide que possible, je possédais le maximum de contrôle sur moi-même. Je m'élançai l'espace. L'atmosphère était assez claire. Au milieu d'un beau ciel bleu, dans une direction oblique, j'aperçus vers le haut une maison entourée de nuages assez épais. Je commençais à me diriger de ce côté, lorsque je vis un Être s'avançant à ma rencontre. Vêtu d'une sorte de manteau pèlerin dont la teinte grise ne m'inspirait pas confiance, je continuai cependant ma route avec lui. Bientôt je me trouvai au milieu d'une ville, poursuivi par des hommes habillés en noir. Passant à travers les formes ainsi créées, je me réfugiai de maison en maison et finalement, je me trouvai enfermé dans une sorte de caveau, sans aucune issue. Mentalement, j'appelai mon Guide. Immédiatement, je fus débarrassé des formes créées par ces gens. Toute trace d'habitations, de ville, avait disparu. J'étais dans l'atmosphère du plan, sans aucune image, entouré par une quinzaine d'individus, incapables de dissimuler l'obscurité de leurs attractions. Curieusement, je contemplai leurs faces envieuses et ricanantes, et je fis sur eux le signe protecteur de la croix. Ils manifestèrent un léger recul, mais s'approchèrent de nouveau en riant et en discutant grossièrement. Je profitai de cette occasion pour exercer la vertu des signes magiques : triangle, pentagone, noms divins, etc. Non seulement il n'y eut aucune influence, mais ils répétaient les mêmes gestes en se moquant de moi. Ils réussirent même à me prendre le bras pour arrêter mon action. Ce qui eut le don de me faire mettre en colère . Ce fut un tort, je perdis tout contrôle et je revins dans mon corps, furieux, les dents serrées, sans autre dommage, heureusement. Quelques instants après, j'effectuai un second dédoublement, mais ne fus plus l'objet d'aucune entreprise de ce genre.

Depuis, j'ai appris que le meilleur et le plus puissant de tous les signes magiques est l'émission d'une pensée d'amour, que l'on peut symboliser par le signe de la croix.

Dans une autre expérience, j'étais poursuivi par un individu dont les pensées créaient des formes cubiques, dans lesquelles il m'enfermait. À un moment donné, il m'assaillit. J'eus la sensation de recevoir un choc, comme si l'on m'avait donné deux forts coups de pied sur la tête. Surmontant cette douleur, je réussis cependant à me dégager et à prendre l'offensive. Je détruisis ses formes pensées et m'élevai au-dessus de lui, dans une densité légèrement inférieure à la substance de ce plan. Malgré tout, il persistait à me suivre. Ne pouvant m'atteindre, sa volonté puissante me parvenait sous l'image de pierres qu'il me lançait. Lassé de tant d'insistance je pris le parti de l'assommer et, levant un énorme banc au-dessus de sa tête ... je ne le laissai point retomber et je lui pardonnai. Aussitôt il s'ensuivit une transformation curieuse. Je vis cet individu se transformer en chien.

Pendant les péripéties de cette lutte, je n'avais pas cessé un instant de prier mentalement et à mesure que je m'élevais au-dessus de mon adversaire, je sentais mon énergie augmenter.

Il serait intéressant, dans ces expériences, d'étudier les relations existantes entre la naissance des formes et l'idée à exécuter. Ce serait la véritable clé des songes. Il faudrait, naturellement, noter et observer l'association des idées, des sentiments, des désirs correspondant aux formes et à la densité de la substance dans laquelle ils se manifestent. Ainsi, dans cet exemple, l'esprit occupé à prier et à me défendre, quelle est la relation existant entre ce sentiment de défense et l'image du banc? Pourquoi ce banc avait-il l'aspect rustique de ceux que l'on voit dans les campagnes, avec une planche épaisse et deux autres plus courtes, utilisées comme pieds? L'image d'un revolver n'aurait-elle pas été tout indiquée?

Voici un autre cas, où j'ai conservé une mémoire bien nette de l'expérience.

Depuis quelques jours, je ressentais une sorte d'indisposition. Malgré cela, je fus dédoublé par un tourbillon qui m'entraîna vers une direction inconnue. Aussitôt conscient des prérogatives de cet état, j'essayai de me placer debout dans le courant magnétique qui me transportait. J'y parvins, non sans effort, lorsque, à ma grande surprise, je vis un individu s'avancer vers moi, d'un air menaçant, et m'acculer dans l'angle d'un cube, fermé de toute part, dont il venait de créer l'image. Très conscient de moi-même, sans aucun voile de rêve, j'éprouvais sur-le-champ une émotion bien naturelle. Ce sentiment de crainte ne fut qu'un éclair vite dissipé. Reprenant confiance, je restai debout, adossé contre l'obstacle infranchissable qui venait d'être créé et, souriant, les bras croisés, j'attendis mon ennemi de pied ferme. Sans un mot, sans un geste, je le laissai approcher et lorsque, arrivé près de moi il leva le bras pour me frapper, j'invoquai mentalement mes Protecteurs. Immobile, le bras levé, il n'avait pas achevé son geste, mais conservait son attitude menaçante. Enfin, il eut un léger recul, s'arrêta, recula de nouveau, lentement d'abord, puis plus vite et je le fis disparaître définitivement, en pointant l'index et le majeur de la main droite dans sa direction. Je continuais paisiblement mon dédoublement. Le courant magnétique reprit son cours. Des éclaircies se produisaient dans l'atmosphère assez sombre et j'apercevais se dérouler des vallées verdoyantes, des coteaux boisés, des rivières et des habitations. Je parvins enfin dans une ville que j'avais exprimé le désir mental de visiter. Lorsque je repris mon enveloppe physique, j'étais complètement remis de mon indisposition des jours précédents.

Il est utile d'ajouter qu'à l'époque de cette expérience, j'avais dix-huit mois d'entraînement.

Indépendamment des images, des formes créées par des êtres malfaisants, l'influence qui les entoure est nettement significative. Ainsi, dans le premier exemple, l'influence mauvaise des gens qui m'entouraient me parvenait sous la sensation d'une vague invisible électromagnétique d'une résistance extraordinaire. Quoique ne se voyant pas, c'était un véritable mur d'énergie, d'une puissance considérable.

Cette perception peut être utile dans certaines circonstances, où l'on peut avoir affaire à des Intelligences plus avancées, mais déséquilibrée par son infériorité morale.

En voici un exemple. Je m'étais dédoublé avec la pensée de connaître des Êtres supérieurs à notre degré de civilisation. Je me sentis monter dans une atmosphère brumeuse. Tout à coup, sans autre sensation préliminaire, je me trouvai en présence d'un Être assis sur une sorte de trône et paré de violentes teintes multicolores. D'un aspect froid et sévère, ce personnage me fit une mauvaise impression. Toutefois, comme il m'assurait qu'il était l'un de mes guides, je jugeai que cette impression était déplacée et, surmontant mon antipathie, je voulus l'entretenir de mon travail sur Terre. Lorsque, chose étrange, la mémoire me manqua subitement. Revenu dans ma forme matérielle, j'en déduisis que les Êtres réellement bons n'ont pas besoin d'autre distinction.

En effet, par la suite, j'appris à apprécier l'affection sublime des Êtres vraiment supérieurs. Sans forme, sans couleur, le rayonnement de leur ambiance, de leur énergie vitale vous imprègne, vous pénètre d'un tel Amour, d'une force attractive si confiante et si dévouée qu'il n'existe aucune expression terrestre capable de définir la puissance et les qualités synthétiques de cette énergie.

COMMENT L'ON TRIOMPHE
DES FORCES ADVERSES

Les obstacles que l'on rencontre dans cette seconde catégorie sont plus variés et fréquents. Ils exigent même, en certaines circonstances, une grande habitude du dédoublement.

Le but général des forces adverses est d'entraver les expériences. Ce sont donc des images tendant à enfermer l'expérimentateur dans l'espace, ou à lui soutirer son énergie vitale.

Les premières sont multiples : barrières, boyaux très étroits, intérieur d'un cube, cage, toutes aboutissent au même résultat. L'image d'isolants tels que la graisse, le verre sont aussi utilisés.

Dans le second cas, ce sont des objets taillés en pointe, ou l'image de la pluie, qui soutirent vos forces et vous obligent à réintégrer votre enveloppe.

Notez que tous ces obstacles se produisent lorsque l'on quitte sa chambre pour se rendre dans une autre dimension. Aussi je vous rappelle une précaution élémentaire : S'assurer, avant s'élancer dans l'espace, que le corps matériel est bien resté à sa place, et que l'on est effectivement dédoublé.

Voici quelques exemples ayant trait à cette catégorie d'obstacles.

Dans l'une de ces expériences, la demie de trois heures finissait à peine de sonner à une horloge voisine, que je sentis mon corps s'engourdir sous l'influence d'une vague électromagnétique. Bientôt, je fus extériorisé dans ma chambre, en pleine possession de mes facultés psychologiques et conscientes.

Je me dirigeai vers la porte, dans l'intention de passer au travers. Je l'avais à peine franchie qu'une seconde chambre me retint prisonnier. Un signe de croix l'a fit disparaître, mais il s'en construisit une autre possédant une fenêtre. Pour en sortir, je brisai les carreaux. Sous la mystérieuse influence dont j'étais victime, ceux-ci se taillèrent en pointe. Comme ce n'était pas la première fois que ce fait se présentait, je résolus de passer outre, et je me faufilai dans l'ouverture ainsi défendue. J'éprouvai alors une sensation assez difficile à définir. Je ne fus ni coupé ni égratigné. Je ressentis seulement un malaise étrange, qui me soutira mes forces, comme si elles étaient contenues dans un réservoir que l'on vide brusquement. Je dus revenir dans mon corps, n'ayant suffisamment d'énergie pour continuer.

Je recommençai une seconde expérience. Les mêmes obstacles se présentèrent, avec cette différence que l'espace cubique dans lequel j'étais enfermé ne présentait ni porte, ni de fenêtre. J'utilisai l'Invocation et lorsque, pointant l'index et le majeur de la main droite, j'extériorisai ma pensée, par un signe de croix, je voyais les murs de ma prison se fendiller et s'abattre, mais pour se reconstruire aussitôt. Enfin, devant l'infructuosité de mes tentatives, je dus me résoudre à reprendre mon corps.

Un troisième essai fut, cette fois, couronné de succès. Lorsque je fus dédoublé, je m'élançai dans l'espace éthéré, sans autre vision qu'une atmosphère assez claire, dont la radioactivité me causait une agréable impression. Bientôt j'eus la sensation de me trouver au milieu de gros nuages, sorte de cumulus blanchâtres. Je montais obliquement dans cet espace nuageux et, suivant ensuite une direction horizontale, je me trouvai successivement en présence de groupes d'étude, disséminés dans l'espace. Je m'arrêtai un instant près de chacun d'eux, prenant part à la discussion, puis je continuai cette sorte d'inspection. Après avoir traversé un groupe d'enfants dont la discipline me parut beaucoup laisser à désirer, j'arrivai dans une réunion présidée par trois Êtres vêtus d'une sorte de péplum[1] doré. Après leur avoir serré la main, je m'assis près d'eux et assistai au cours qu'ils professaient. Cette assemblée ayant pris fin, nous causâmes ensemble. Je ressentais leur fraternelle amitié, avec un bonheur semblable à celui que l'on éprouve lorsque l'on retrouve des personnes aimées après une longue absence. L'on fit ensuite une prière en commun et j'achevai mon dédoublement par une série de visites terrestres.

Ces groupes d'étude représentent un des multiples aspects de la vie dans l'Espace.

Parfois, les obstacles se présentent au cours d'un dédoublement, comme dans l'expérience suivante. Je parcourais différentes parties d'une ville construite dans l'éther, lorsqu'arrivé sur une place je vis, à mon grand étonnement, les rues se fermer devant moi. Bientôt je me trouvai enfermé dans une sorte de boyau, bouché aux deux extrémités. J'invoquai mes Guides. Ce boyau me livra passage, mais je fus de nouveau prisonnier dans un espace cubique, possédant une fenêtre. Les carreaux avaient une ouverture circulaire défendue par une taille en pointe, dessinant la forme d'une étoile. Malgré tout, je passai et, quoique je ressentis une forte diminution d'énergie, il m'en resta suffisamment pour terminer mon expérience avant de reprendre mon corps.

---

1. Vêtement antique.

Une autre fois, je fus arrêté en cours de dédoublement par des pointes en fer dressées dans un placard situé à l'intérieur d'un mur que je voulais traverser.

Dans une autre expérience, j'étais sorti péniblement de mon corps. Une fois extériorisé, mon double avait été l'objet d'un mouvement de rotation fort désagréable. Cependant, j'avais déjà parcouru plusieurs milliers de kilomètres dans l'intention de rendre visite à l'un de mes amis habitant la Terre, lorsqu'une grille se plaça devant moi. Par la volonté je la fis disparaître et je continuai ma route. Déjà je touchais au but. Par un rayonnement spécial, je sentais l'ambiance magnétique de la personne en question, lorsque j'eus la sensation nette et précise de deux forces opposées qui me sollicitaient. L'une me poussait vers le but à atteindre, l'autre m'attirait en arrière. Malgré moi, je dus céder à la seconde et réintégrer ma forme corporelle. Contrairement à mes expériences ordinaires, j'étais trempé de sueur et j'éprouvais une forte douleur au sommet de la tête.

Un autre jour, après m'être dédoublé dans ma chambre, je m'élevais perpendiculairement dans l'espace. Une série de toits en chaume venait s'interposer pour entraver cette ascension. La prière aidant, je réussis cependant à voir le jour et à continuer mes études dans de bonnes conditions.

Dans d'autres cas, je fus arrêté par de la graisse, qui imprégna subitement les objets de l'installation que je visitais.

Par contre, je fus, une autre fois, aidé dans mes efforts par une feuille d'étain que l'on m'avait remise.

Un fait assez fréquent, comme obstacle essentiel, est le phénomène de la pluie. À peine est-on sorti dans l'éther, que l'on se trouve en présence d'un temps sombre de mauvais augure. Si l'on insiste et qu'on se lance dans cet espace obscur, la pluie se met à tomber, les forces se retirent progressivement, il faut rentrer. Certain jour, cet espace apparaît comme s'il était illuminé d'un soleil magnifique. Une chaleur douce et égale imprègne l'atmosphère. Inondé de bonheur par ce magnétisme vivifiant, l'on s'y plonge avec délice, lorsque tout à coup, sans raison apparente, le ciel s'assombrit et la pluie commence. Les impressions de la conscience ont suivi le même ordre. Ennuyé d'abord, inquiet ensuite, l'impression devient franchement mauvaise. Le double semble se dissoudre sous l'influence de cette image et il faut revenir sur terre faire une nouvelle provision d'énergie.

Après dix années d'étude, j'ai réussi à vaincre cet obstacle important. Le jour où je m'en suis rendu compte, je voguais en état de dédoublement, au-dessus d'un océan éclairé par ce soleil d'une douceur si caractéristique. Avec plaisir, je parcourais ces plaines mouvantes, lorsque, tout à coup, le temps s'assombrit. Calme jusque-là, la mer devint houleuse. De gros nuages noirs s'amoncelèrent de toute part. Bientôt la pluie se mit à tomber, les éclairs sillonnèrent les nues et, dans un grondement formidable, une tempête se déchaîna. Or, je ne ressentis point la moindre émotion et, du rocher où je m'étais posé, je m'élançai à travers cet ouragan, avec la même sérénité et le même bien-être que lorsque l'océan était ensoleillé.

En somme, l'on peut dire qu'avec une énergie morale soutenue, avec persévérance, l'on parvient à surmonter tous les obstacles.

Avant de terminer ce sujet, voici encore quelques désagréments pouvant survenir au corps physique. Sur ce point, je n'ai jamais eu d'ennui bien sérieux, ce qui démontre, mieux que toutes les hypothèses, la valeur de ma méthode.

Une première fois, j'eus un trouble causé par une crainte irraisonnée. Lorsque j'ouvris les yeux, il me fut impossible de faire un mouvement. Mon corps était paralysé. Les battements du cœur presque insensibles et aucun membre n'obéissait à ma volonté. Je pris le parti le plus simple, celui de dormir. Après plusieurs heures, je m'éveillai fatigué, courbaturé, brisé, anéanti, comme si j'avais reçu une volée de coups de bâton. Ce fut pour moi l'occasion de méditer sur ces états léthargiques des morts enterrés vivants, doués de la même immobilité, mais ayant l'esprit pleinement conscient de tout ce qui se passe autour d'eux.

Voici un second exemple assez curieux. Durant la journée, j'avais été envahi d'une telle lassitude que j'avais dû me coucher. Je dormis six heures durant et je m'éveillais dans des conditions qui parurent normales. Une fois levé, je me sentis d'une légèreté extraordinaire. J'avais la sensation de marcher dans le vide et mes jambes fonctionnaient trop rapidement.

Tout d'abord, j'en fus amusé. J'avais l'impression d'être dans un état intermédiaire entre la terre et une substance moins matérielle, et ce genre de déséquilibre était nouveau pour moi. Enfin, je pensais à mes obligations sociales et, descendant dans la rue, je pris le tramway. Cette demi-extériorisation n'était cependant pas terminée et diminuait en grande partie ma sensibilité nerveuse. Aussi, lorsque je quittais le tramway, je manquai d'être écrasé. N'ayant plus la maîtrise complète de mon corps, j'avais la sensation de marcher dans le vide. En descendant, il me sembla qu'un gouffre s'était ouvert sous mes pas et je réagis violemment pour conserver l'équilibre. Tout ceci n'eut que la durée d'un éclair. Un observateur m'aurait vu seulement faire quelques pas plus rapides qu'il n'était nécessaire. Je ne suis pas tombé, mais la réalité des impressions qui se sont déroulées en une fraction de temps aussi minime est inimaginable. Dans tous les cas, j'estime que cet état de lévitation momentanée n'est pas à recommander.

COMMENT L'ON DISTINGUE LE RÊVE DU DÉDOUBLEMENT

L'on distingue toutes les formes de rêves, des visions, du dédoublement proprement dit, de la même façon que vous discernez sur terre les opérations inconscientes du travail conscient.

Que ce soit un rêve provoqué par les causes multiples des sensations physiques, par des réminiscences de vies passées, par des visions symboliques, par un regard simultané dans plusieurs dimensions, il est impossible de le confondre avec le dédoublement. Au réveil, il arrive souvent que l'on ait conscience d'avoir survolé des paysages, de s'être transporté dans l'espace par un moyen quelconque. La certitude n'est pas suffisante pour que l'on y ajoute foi.

Pour rompre définitivement avec la stupidité des doctrines que l'on nous enseigne dans tous les domaines, il ne faut pas de l'à-peu-près. Pour démasquer tous ces charlatans du bonheur, qui exploitent l'idée de la Survie, sous une forme ou une autre, il ne faut plus d'expériences demi ou extra-lucides.

C'est en pleine possession de toutes ses facultés psychologiques, dans une conscience parfaite des conditions de l'expérience, dans la compréhension claire et sentie du double état dans lequel on se trouve, qu'il faut œuvrer. Tout essai qui ne remplit pas ces conditions doit être écarté impitoyablement.

J'ai noté dans mes expériences une seule exception, qui d'ailleurs confirme la règle.

Dans mon rêve, je traversais une grande salle dans laquelle plusieurs personnages étaient réunis, lorsque je vis une colombe d'un blanc très pur descendre obliquement et venir se poser sur mon front. Immédiatement je fus dans l'état de dédoublement conscient et j'en ai profité pour aller rendre visite à des amis.

Il est impossible de s'imaginer la merveilleuse réalité qui se cache sous la simplicité de ce récit. Sans être confuse, ma vision comprenait cependant une certaine passivité. Aussi léger soit-il, une sorte de voile teintait mon songe. Mais aussitôt que cette colombe m'eut touché, la transformation fut instantanée. Comme sous l'impulsion d'une baguette magique, je fus aussi éveillé que dans les moments les plus lucides de ma vie terrestre. Cet éveil de la personnalité consciente se réalise d'une façon claire, lucide, avec la mémoire immédiate de tous les faits passés, présents et futurs auxquels on s'intéresse. Dans le même instant, j'eus conscience de tous mes travaux relatifs au dédoublement, de la présence de mon corps endormi, de l'extériorisation de mon double et je réfléchissais en même temps de la façon dont j'allais mettre à profit mes pouvoirs momentanés. Aucune expression ne peut définir cette joie de se sentir libre dans l'espace, tout en se sachant vivant sur terre ; ce bonheur d'agir à sa guise, d'aller où bon nous semble, sans avoir à compter avec les nécessités matérielles.

Vraiment, si chacun pouvait devenir conscient de cet état, que de maux il s'éviterait, ainsi que de soucis de toutes sortes dont il ne s'embarrasserait plus. Comme il travaillerait avec acharnement pour rompre ces attaches égoïstes, et ne plus revenir dans une forme qui, aussi belle soit-elle, est un boulet à traîner.

Il est inutile que je vous cite des exemples de rêves, de visions, de songes prophétiques, symboliques ou prémonitoires. Chacun a eu l'occasion d'en observer par lui-même ou dans son entourage. Je veux seulement vous donner la façon de sélectionner vos rêves et d'obtenir des indications intéressantes sur le passé, le présent et l'avenir des questions que vous désirerez solutionner.

* * *

Étant donné les densités successives de la substance des mondes de l'invisible et la possibilité d'établir des accords en résonance entre notre système oscillant et celui du monde avec lequel l'on veut communiquer, les relations entre le visible et l'invisible sont tout ce qu'il y a de plus facile à sélectionner.

Le plus difficile est d'éviter les perturbations de toute nature apportées par l'Inconscient, ou Conscience inférieure. Or, cet inconvénient, c'est notre œuvre. C'est nous qui l'avons créé par toutes les attractions que nous émettons à chaque seconde à l'aide de nos désirs, de nos pensées, de nos motifs d'action, de nos sentiments.

Si l'on veut communiquer avec les autres dimensions et obtenir des renseignements convenables, il faut donc commencer par sélectionner notre système d'accords, afin de n'enregistrer que des longueurs d'onde convenables.

Nous sommes donc toujours dans le même cercle et nous en revenons aux conditions déjà exprimées. Hygiène physique, hygiène psychique, hygiène psychologique. Mieux vous centraliserez vos motifs d'action, vos désirs et vos pensées sur un Idéal généreux et moins vous serez atteint par les oscillations de toutes longueurs d'onde.

Il faut donc commencer par chasser le vieil homme, c'est-à-dire éliminer patiemment toutes les erreurs, les antithèses, les contradictions des mœurs et des coutumes de notre civilisation et bâtir sur un terrain neuf l'être supérieur qui vous mettra en communication avec des régions de même nature.

L'expérience nous démontre que l'être humain est une conscience capable de vivre dans une substance extrêmement raréfiée, où il a accès à la manipulation de l'énergie directrice des phénomènes.

Pour se maintenir en équilibre dans cette substance, il suffit de se construire un système d'énergie oscillante capable de synthoniser avec les vibrations de ces Mondes supérieurs, afin que la conscience puisse en discerner les caractéristiques.

Cette remarque est essentielle. Quel que soit le monde où nous vivons, quelle que soit la nature de l'énergie en action dans lequel nous nous transportons pour apprécier la nature d'une vibration, il faut en avoir vécu les effets. Seule l'expérience dans un monde inférieur crée dans notre système d'accords et de potentialités qui nous permettent, au degré suivant, de discerner les causes des effets que nous avons vécus.

Sur terre, tout le monde ne sait pas apprécier la différence existant entre l'atmosphère d'un dancing et celle d'une église, à plus forte raison dans ces oscillations délicates qui touchant l'essence des phénomènes.

Pour comprendre la vie réelle de l'Âme sur terre et dans l'invisible, pour juger convenablement les manifestations conscientes et inconscientes de la veille et du sommeil, il est indispensable de se rendre compte de notre situation dans l'Univers.

Nous sommes, avons-nous dit, un foyer de substance radioactive, susceptible de rayonner de l'énergie et de percevoir des vibrations qui nous renseignent sur la qualité et la raison des phénomènes. Pour discerner ces qualités, pour les comparer entre elles et en déduire un jugement rationnel, il faut d'abord en avoir apprécié les effets dans les mondes où ils se réalisent.

Or, ces effets sont de deux sortes : bons ou mauvais. Ces qualités sont déterminées par la densité et le synchronisme des oscillations de notre foyer d'énergie, avec la constitution matérielle de notre Univers. Le bien et mal, le bonheur et la souffrance ne sont donc que des effets dus au mécanisme intime de l'homme et de l'univers. Ce sont des relations qui s'établissent entre la constitution énergétique de l'homme et la constitution énergétique de l'univers. L'univers étant invariable dans ses relations de Cause à Effet, c'est à nous de changer la qualité des attractions de notre système d'énergie.

Tout le monde a pu apprécier sur terre la somme formidable de souffrances provoquées par la méchanceté, la jalousie, l'intolérance par la poursuite des satisfactions personnelles, des uns envers les autres. Cette voie n'est donc pas celle qui s'accorde avec les qualités de l'énergie dans laquelle nous sommes appelés à vivre. La souffrance indique un déséquilibre, un désaccord, un désordre entre l'Homme et l'Univers.

L'ordre favorable au bonheur recherché par l'être humain demande une route opposée. C'est l'application de la loi morale, racine fondamentale de nos expériences et de leur discernement.

D'après l'observation des faits, voici comment se présente le mécanisme des relations entre l'homme et l'univers et déterminant, par conséquent, les bases scientifiques de la loi morale.

L'Être humain rayonne dans trois mondes principaux par ses actes, ses désirs, et ses pensées. À mesure qu'il se dirige, qu'il concentre ses motifs d'action vers le monde des pensées, ces trois centres d'observation, ces trois machines à sensation, prennent une importance plus considérable. Et, dans les mondes supérieurs, penser, désirer et agir sont inséparables l'un de l'autre. Ils se fondent dans une même faculté, docile à la moindre influence, qu'elle vienne de l'extérieur ou de nous-mêmes.

Cette synthèse et cette rapidité demandent donc un certain choix dans nos façons de penser et d'agir. S'il était possible d'aborder ces dimensions et de vivre dans leur substance sans une sélection mécanique dans la direction des forces que nous mettons en œuvre, l'Ordre ne serait pas universel.

Donc, chaque fois que vous pensez, que vous désirez, que vous agissez sous une influence quelconque, vous mettez en œuvre une fraction d'éther dont les oscillations vont se diriger vers le point que vous leur avez assigné. En même temps, vous avez créé dans l'éther un « chemin de moindre résistance » qui va favoriser vos efforts dans le même sens. Ce chemin magnétique est un canal dans lequel vont se déverser les oscillations de même nature. Si vous avez pensé à vous, si l'objectif que vous désirez atteindre est un profit pour vous-même, si vous avez agi par intérêt personnel et dans le seul but d'en retirer un avantage quelconque, il se produit ceci : les corpuscules électroniques de l'éther, après avoir déversé une partie de leur énergie dans le sens indiqué, vont revenir vers vous. Le champ magnétique ainsi formé va attirer par affinité tous les systèmes de même nature. Bientôt, un véritable monde gravitera autour de vous, attirant par sympathie, par résonance, toutes les formes vivantes de même valeur. Vous voici relié pour un temps défini à un système d'énergie dont les accords vont vous obliger à répéter les mêmes attractions. Pour vous, il est d'ailleurs beaucoup plus facile de céder à ces attractions que d'en créer d'autres. Les détruire est une véritable souffrance. Tout le monde connaît la force de l'habitude et la douceur de lui obéir. N'ayant aucune raison supérieure pour la changer, vous allez donc vivre ainsi durant toute votre existence, et après la mort votre système d'énergie vous placera dans une atmosphère ayant les mêmes caractéristiques, en compagnie d'êtres vivants possédant les mêmes affinités.

L'observation des joies éprouvées par la Conscience dans la vie terrestre nous montre tout le vide, le néant, l'écœurement des accords déterminés par les plaisirs sensuels.

L'observation des faits dans l'invisible le confirme. À mesure que l'on descend dans le monde des attractions sensuelles, les sensations sont plus matérielles. L'atmosphère, plus condensée, paraît plus épaisse. La réduction dans la vitesse de ses atomes la rend obscure et on a l'impression bien nette d'étouffer.

Les plaisirs intellectuels, les joies saines du devoir accompli, l'exercice conscient des qualités supérieures de l'Âme, la satisfaction de se rendre utile, d'avoir contribué à des œuvres de paix, d'union, d'avoir soulagé des douleurs, déterminent, au contraire, un bonheur qui dure, et donnent à l'Âme une sensation de force et d'énergie supérieure.

L'observation des faits dans l'invisible nous permet maintenant de comprendre ce phénomène. Tous les efforts ainsi dirigés nous mettent en rapport avec des Mondes où, sous un plus petit volume, l'énergie rayonne une force plus considérable. Il est donc tout naturel que cette radioactivité se communique avec notre Personnalité terrestre.

À l'expérience, l'atmosphère des Mondes invisibles se modifie à mesure que l'on se détache des satisfactions sensuelles. Le malaise général que l'on éprouve dans les mondes inférieurs n'existe plus. C'est un état progressif de repos, de bien-être, qui s'accentue et devient de la joie, du bonheur fait d'une sérénité calme, dont les sensations multiples sont impossibles de décrire.

La substance a suivi la même évolution. De l'obscurité complète des états inférieurs, une légère luminosité se manifeste et progresse. Cette clarté, que l'on peut comparer à l'aurore, est d'abord une sorte de brume grisâtre. Puis l'opacité se dissipe, le gris devient moins terne, la brume moins épaisse.

Enfin, cette clarté s'accentue, devient comparable à la luminosité de notre soleil à l'heure de midi. D'une intensité égale en tous points, cette lumière est ressentie comme une chaleur douce et vivifiante.

Pour vivre dans une telle atmosphère et pour profiter de sa puissance rayonnante dans les autres dimensions de l'espace, l'expérience démontre qu'il faut se défaire d'abord des attractions sensuelles, puis des désirs de satisfaction personnelle, enfin des motifs aboutissant à un objectif intéressé. Cette conduite n'implique pas de vivre en ermite, de s'astreindre à un ascétisme rigoureux, sans aucune satisfaction. Notre organisation physique a des besoins qu'il serait dangereux de méconnaître. Sous prétexte de s'équilibrer avec un monde supérieur, il ne faut pas se déséquilibrer sur le nôtre. Il est parfaitement possible de vivre sans excès, d'utiliser les satisfactions matérielles et d'évoluer en même temps. Il suffit seulement de ne pas en faire l'objectif de sa vie et de ne pas s'y attacher outre mesure. Je répète, les besoins de notre nature matérielle doivent être seulement limités. C'est en vivant comme tout le monde, dans les préoccupations de mon travail quotidien, sans suivre aucun régime spécial que j'ai réalisé toutes mes expériences. Lorsque j'affirme que l'ascétisme n'est pas de rigueur, j'en possède donc la preuve expérimentale.

En somme, l'opération consiste dans une décentralisation successive de la Personnalité, du Moi Unité, pour lui faire prendre conscience de la Multiplicité des Causes, sur lesquelles il est capable d'agir.

L'on y parvient en portant son attention sur des sujets supérieurs à la nature de nos satisfactions matérielles. Progressivement, l'on abandonne ces formes elles-mêmes, en centralisant ses désirs sur la proportion de bien qu'elles renferment, jusqu'au jour où l'on sera parvenu à trouver toutes ses satisfactions dans les Principes éternels de la vie.

Remarquez bien que, dans ce travail d'évolution, l'effort diminue, les joies deviennent plus profondes à mesure que vous perfectionnez votre système d'accord.

La route la plus simple pour tout le monde est donc de diriger ses pensées, ses désirs et ses motifs d'action le moins souvent possible vers soi. Vous vous rendez compte maintenant que le choix d'un Idéal généreux n'a rien de mystique. C'est une concrétisation de l'idée directrice, guidant le profane dans ce système de perfection.

Simultanément, à mesure que l'on pense moins souvent à soi, il faut diriger ses attractions, ses motifs d'actions vers les beautés de la vie. Ignorez ses laideurs et ses tares. Considérez toujours le bon côté des choses et luttez avec acharnement pour détruire toutes les formes du mal que vous rencontrez.

Cette conduite indispensable pour quiconque veut correspondre avec l'invisible, sans se déséquilibrer dans les cas fréquents de folie mystique, est à la portée de tout le monde dans ses actes journaliers. Les moindres faits de l'existence peuvent servir de tremplin pour nous évader de nos misères. Tous les détails les plus insignifiants peuvent être utilisés pour le développement de notre énergie vers les facultés supérieures de la conscience.

Voici, en effet, le mécanisme de cette façon d'agir. L'énergie que vous mettez en mouvement dans la substance des autres mondes va suivre aveuglément la direction que vous lui donnez.

Tout à l'heure, vous rapportiez tout à vous-même, elle se condensait en vous. Maintenant, vous décentralisez vos affections en les rendant solidaires d'un point autre que vous-même. Les oscillations de l'éther vont se diriger vers lui. Si c'est un Idéal généreux, les corpuscules animés du monde où vous l'avez situé vont en faire un système dans lequel vont se précipiter les attractions de même valeur. Faibles au début, les oscillations vont s'amplifier rapidement. À mesure que vous condensez vers lui le meilleur de vous-même, elles forment boule de neige et bientôt ce noyau d'énergie constitue un système d'accords bien organisé, dans lequel il vous sera facile de pénétrer en abandonnant sans regret l'ancien support à ses destinées.

En luttant contre le mal par la perfection morale, en portant votre attention sur l'utilité des choses, en discernant le charme, la poésie, la beauté de la nature, vous apprenez à aimer la vie pour elle-même. En recherchant la beauté dans les formes, puis dans les expressions, vous aimez bientôt cette beauté, en dehors des formes. En recherchant le lien dans les actes, dans les désirs, dans les pensées, dans les affections, vous apprenez à aimer ce bien pour lui-même.

Voici la voie véritable de l'Initié. Le secret de la vie est contenu dans ce mécanisme à la portée de tout le monde.

À mesure que vous discernez les caractéristiques du Beau et du Bien, vous vous acheminez vers la source véritable de la liberté et du bonheur. Par vos efforts, vous apprenez à vivre dans les constantes de l'Harmonie, et bientôt vous ne voulez vivre que pour elle. Ce jour-là, vous êtes bien près de la perfection totale. Depuis longtemps, vous avez appris à communiquer par mille moyens avec ces Mondes admirables qui nous pénètrent et le domaine des songes n'aura plus de secret pour vous.

OBSERVATIONS SUR LE MÉCANISME DE L'INTUITION ET DE L'INSPIRATION

Le développement de ces études m'a permis d'observer quelques caractéristiques sur les différents moyens de correspondre avec l'invisible.

Pour s'expliquer facilement la nature des phénomènes, la meilleure solution est de comparer l'être humain à un poste de télégraphie sans fil susceptible de fonctionner tantôt comme poste émetteur, tantôt comme poste récepteur.

La sélection des ondes que l'on désire transmettre ou recevoir demande l'application des exercices élémentaires du psychisme.

L'accord en résonance du système psychique avec les Mondes supérieurs demande l'orientation des idées vers le Bien moral.

Je suppose, en effet, que nous voulons nous exercer avec ordre et méthode. C'est la seule façon d'obtenir des résultats rationnels.

Les différentes expressions utilisées jusqu'ici définissent imparfaitement cette catégorie de phénomènes. Le mot *clairvoyance* n'est pas exact. Le mot *médium* est aussi impropre. Nous ne sommes pas des intermédiaires, mais des *opérateurs conscients*. Quoique je ne sois pas partisan de créer de nouvelles définitions, je trouve utile cependant de définir toutes les opérations psychiques ayant pour but de correspondre avec l'invisible, sous le nom d'opérations «transconscientes[1]». Et nous dirons une émission ou une réception transconsciente. Ce mot suggère l'idée d'une action à travers la Conscience, et c'est, en effet, la première règle à observer. Tout phénomène ayant pour but d'établir une communication avec les autres Mondes, doit être Conscient. L'opérateur doit avoir toute sa liberté d'esprit. Il doit pouvoir noter calmement, froidement, avec ordre et précision, les moindres détails. Ses observations doivent être indépendantes, comme s'il s'agissait d'un autre que lui et il ne doit se laisser absorber dans aucune mesure. Inutile de dire qu'il faut être en bonne santé physique et psychique, l'esprit dégagé volontairement des tracas quotidiens, et après quelques essais, vous pourrez vous

---

1. « Trans », préposition latine marquant la situation au delà d'un terme, le passage d'un état, d'un fait, d'une situation à une autre. On l'utilise généralement pour représenter un plus haut degré dans l'action.

rendre compte de toute la lucidité consciente et du libre arbitre étendu qu'il est possible d'obtenir.

Le schéma, les conditions de l'expérience sont, dans tous les cas, les mêmes que pour le dédoublement personnel. Il n'y a que les directives de la pensée qui changent.

Sur cette base, il est possible d'étudier les phénomènes de télépsychisme, nom moderne de la télépathie. Pour réussir ces expériences, il faut surtout que les deux postes travaillent ensemble aux mêmes heures, aux jours déterminés. Sous aucun prétexte, il ne faut plus les changer. Chaque poste s'accorde avec son voisin par des pensées d'amitié réciproque. Celui qui fonctionne en récepteur fait le vide en lui-même et n'a plus qu'à observer dans le silence les vibrations qui vont lui parvenir. Ces oscillations peuvent se présenter sous forme d'image, de son ou de pensée. La distance n'intervient pas, elle n'a aucune influence sur la production du phénomène. Au début, le poste transmetteur doit éviter d'envoyer des phrases complexes. Il doit formuler sa pensée par un seul mot, en l'extériorisant le plus possible. Il faut s'imaginer que l'on crie dans l'oreille du correspondant, que ces lettres s'inscrivent dans l'éther, qu'elles produisent un son puissant, etc. J'ai reçu ainsi des pensées à quinze mille kilomètres, comme si quelqu'un m'avait crié très fort dans l'oreille. Surpris par ce résultat, je fis un bond pour voir qui se trouvait près de moi et ce geste inconscient montre bien la nécessité d'un entraînement sérieux.

La médecine psychique (consultez l'ouvrage *Traitement Mental et Spirituel*, par Albert Caillet) utilisée de cette façon donne des résultats qui seraient qualifiés de miraculeux par un profane. À mon avis, si vous voulez prendre une conscience certaine de vos pouvoirs, l'exercice de la médecine mentale est le meilleur entraînement que vous puissiez suivre. Je vous conseillerai de soigner votre patient sans qu'il le sache. Ne vous inquiétez pas de la distance. L'action est exactement la même à un mètre ou à plusieurs milliers de kilomètres. De préférence, il vaut mieux exercer ces soins lorsque le malade est couché, lorsqu'il dort. Sauf dans les cas d'origine karmique, où le mal revient sous une autre forme, aucune maladie ne résiste à ce traitement, qui est des plus puissants connu jusqu'à ce jour. J'ai observé qu'il ne faut jamais cesser le traitement d'une façon brusque, mais en l'espaçant progressivement.

Il est également possible, à l'aide de la médecine mentale de se soigner soi-même avec succès, de récupérer ses forces presque instantanément, de limiter les effets mauvais d'une influence provenant d'une personne ou des événements, enfin de changer ses conditions de vie. Je le répète, l'amortissement des oscillations provoquées par nos façons habituelles d'agir est la seule limite à ces pouvoirs. La conduite morale que nous avons indiquée est donc de rigueur.

Puisqu'un même mécanisme régit la transmission consciente des pensées, l'on peut correspondre avec tous les degrés de la substance, depuis l'aspect matière jusqu'à l'aspect force.

La réponse est de nature variable. Le plus souvent, elle parvient sous la forme d'un songe, dans lequel une image symbolique vous permet de l'adapter à votre caractère, à votre tempérament.

Si vous faites ces exercices le matin, la réception peut s'effectuer par vision ou par intuition.

La vision peut se présenter sous un caractère inanimé, comme un paysage projeté par une lanterne magique, à moins qu'elle ne soit animée comme dans un film cinématographique. Dans ce dernier cas, il est même possible que vous ayez conscience d'y prendre une part plus ou moins activement.

Nous en arrivons maintenant à l'Intuition que je nomme une «réception sans image».

Quoiqu'elles soient apparentées, il ne faut pas confondre l'Intuition avec l'Inspiration.

L'intuition ne se prête à aucun raisonnement momentané; c'est la réception sans image des vibrations qui s'étendent de la forme intuitive jusqu'à l'audition parlée. C'est une idée ou un ensemble d'idées qui parvient, confusément d'abord, puis de plus en plus nette jusqu'à l'audition comme si une personne vous parlait à l'oreille. Parfois l'idée a la durée d'un éclair. À d'autres moments l'on a la sensation de voir des idées à travers un obstacle.

Le développement de l'intuition se fait de la même façon que les autres procédés de communication. Étendu dans le calme et le silence, l'on concentre suffisamment sa pensée sur la question à résoudre et l'on chasse toute pensée du champ de sa conscience. Aussitôt qu'une idée ou un ensemble d'idées se précise, les noter immédiatement.

Si l'on considère l'intuition comme le début d'une correspondance mentale avec les autres dimensions de l'Espace, l'on peut dire que l'Inspiration en représente la stabilisation et le complément. Dans l'intuition, l'on écoute, l'on saisit des vibrations au passage. Dans l'inspiration, au contraire, il ne faut pas écouter, car toutes les facultés intellectuelles sont à leur maximum d'activité. Ce n'est plus une communication mentale, mais c'est vous-même qui tirez des conclusions avec une facilité de travail incomparable. L'inspiration est donc une excellente méthode de travail, qui se stabilise par l'entraînement, et qui devient un mode régulier de correspondance mentale avec l'invisible.

Pour la mettre en pratique, il faut commencer par prendre l'habitude de travailler à son bureau, à jours et à heures fixes. Invoquer des puissances amies, brûler du sel mélangé avec de l'encens ne peuvent qu'aider à purifier l'atmosphère psychique et à en régulariser les oscillations.

Je suppose que l'on veuille approfondir une question par la méthode d'analyse et de synthèse logique. Pour juger en toute liberté et éviter de tomber dans des lieux communs, il faut d'abord se documenter sur la définition exacte du sujet à étudier. Ensuite, il est indispensable de se mettre au courant des études actuelles sur la question. Enfin, par un effort de volonté, il faut chasser le tout de sa pensée et se mettre à l'étude, comme si l'on n'avait aucune notion du sujet à résoudre.

C'est en suivant ce schéma dans l'organisation de vos études que l'inspiration va se manifester.

Au début, l'on ne se rend pas compte exactement du phénomène. Dans un moment où la pensée est bien concentrée dans ses recherches, un flot d'idées nouvelles vous arrive. La plume ne court pas assez vite. Sous l'influence de ce panorama de pensées, vous écrivez, méditez, raisonnez, déduisez avec une facilité qui tient du prodige. Après avoir écrit de nombreuses pages dans lesquelles on croit avoir trouvé la solution du problème, l'on se trouve arrêté brusquement par une question qui reste hérissée d'obstacles. L'on délaisse la séance, tourmenté par cet aspect de la question auquel on n'avait pas encore songé. La fois suivante, après vous être documenté sur cette idée nouvelle, vous vous remettez à l'ouvrage, la même clairvoyance se manifeste, entraînant la joie de découvrir de nouveaux points de vue, jusqu'au moment où une autre difficulté se présente. Toutefois, celle-ci vous semble pire que les autres. L'on se demande même s'il est raisonnable de continuer cette méthode. Enfin, l'on essaye de nouveau et des résultats intéressants viennent récompenser les efforts effectués.

Sous l'influence de la concentration de pensées, l'on parvient à situer sa Conscience dans une dimension correspondant au domaine mental, ce qui donne accès à de nouvelles associations d'idées. Ainsi s'explique aisément le mécanisme du phénomène.

L'Inspiration demande plusieurs d'années d'entraînement avant de constituer une méthode régulière de travail. De nombreux obstacles nuisent à son développement : mauvaises dispositions physiologiques et psychologiques, un état hygrométrique de l'atmosphère, etc.. L'éducation, l'instruction, le milieu que l'on fréquente, les désirs et pensées habituelles viennent contribuer à favoriser ou à entraver la transformation du phénomène en faculté nouvelle.

Ainsi, certains jours, l'on est à peine assis à sa table de travail qu'aussitôt l'on est sous le charme de cette compréhension supérieure. Tout semble d'une simplicité enfantine. Et cet état paraît si normal que l'on a l'impression qu'il a toujours existé et qu'il durera éternellement. Mais si, à ce moment, vous portez votre attention sur le phénomène lui-même, si vous cherchez à écouter pour voir de quelle façon cette lucidité se manifeste, tout cesse immédiatement et vous devenez incapable d'associer deux idées.

Parfois, au contraire, vous vous sentez dans d'excellentes dispositions : vous vous asseyez à votre table de travail, persuadé que vous allez obtenir des éclaircissements sensationnels. Une heure, deux heures se passent, impossible d'obtenir aucun résultat. L'on peut même prolonger cet état pendant quatre ou cinq heures, il n'y a rien à faire. Le cerveau semble enveloppé d'un voile impénétrable et l'on quitte ses études, mécontent et de mauvaise humeur.

Les périodes de travail effectuées sous l'inspiration sont généralement empreintes d'une sensation de paix, de joie, de confiance que l'on conserve toute la journée. Cette atmosphère de sensations varie d'intensité suivant les sujets traités. Lorsque l'on touche des questions relatives aux relations de notre Univers avec l'Absolu, les larmes coulent sans que l'on s'en aperçoive, et c'est dans une joie indescriptible que l'on trouve de nouvelles déductions.

Il ne faut pas confondre cette méthode de travail avec l'extase. Dans cet état d'inspiration, l'on reste absolument conscient. Mais les idées que l'on manipule sont imprégnées d'une telle atmosphère, que les vibrations qui s'en dégagent agissent malgré soit sur la sphère émotionnelle. Si l'on a poussé suffisamment loin le désir de connaître le fin mot de l'énigme, un tremblement vous saisit et comme une immense douche glacée, de grands frissons vous parcourent de la tête aux pieds.

Dans cet état de résonance, l'on perd la notion du temps. Après plusieurs heures de travail consécutif, l'on s'imagine avoir commencé seulement depuis quelques minutes, et si quelqu'un vient nous interrompre, l'on a l'illusion de se trouver avec la respiration arrêtée, comme si l'on tombait d'un endroit élevé.

L'étude concernant les formes géométriques et ses relations avec les nombres est d'un entraînement plus difficile. Au début, l'on ne peut y consacrer le temps que l'on désirerait, car le cerveau tourbillonne et cette valse effrénée empêche tout travail. En général, l'inspiration concernant les sujets philosophiques ou moraux est plus facile à obtenir que sur les questions métaphysiques demandant une concentration de pensée plus profonde.

La fatigue résultant de l'inspiration se traduit par une sensation de vide. La tête semble creuse et le corps est courbaturé par la dépense nerveuse.

Toutes ces particularités qui accompagnent l'Inspiration finissent par disparaître. Le phénomène se transforme en faculté durable, ni plus ni moins apparente que celles que nous possédons déjà. L'on travaille seulement d'une façon plus régulière, sans à-coup, dans un calme profond, sans joie ni dépression, dans la Paix consciente d'être utile.

Pour développer et régulariser l'exercice de cette faculté, l'on peut en conclure :

1. Qu'il est utile de choisir des questions morales, philosophiques ou métaphysiques, dont le développement doit servir au bien général ;

2. Chercher à analyser son sujet calmement, en recommençant successivement son travail, autant de fois qu'il sera nécessaire pour obtenir un résultat logique et rationnel ;

3. Agir en harmonie avec l'élévation des idées que l'on veut comprendre et observer la plus grande hygiène physiologique et psychologique.

VALEUR DES ENSEIGNEMENTS ET DES MOYENS DE PERFECTION UTILISÉS DANS L'INVISIBLE

La transformation de l'inspiration en faculté équilibrée avec les autres permet à son auteur de communiquer avec les plans supérieurs à toute heure du jour, parmi les occupations habituelles. Ceci m'amène à préciser la nature de l'enseignement que l'on reçoit dans l'invisible. Beaucoup s'imaginent que les facultés de converser avec l'Au-delà, ou de se dédoubler consciemment, suffisent dans tous les cas pour nous renseigner sur les lois de l'Univers. C'est une erreur. Elles augmentent seulement la « somme des probabilités ».

Le véritable enseignement de Ceux que l'on nomme les Guides, les Maîtres, attirés par votre amour, est beaucoup plus rationnel que l'on ne se l'imagine. Je puis vous en parler par expérience.

Ce n'est qu'après de longues années de méditation, lorsque, de déduction en déduction, l'on est parvenu à schématiser les lois de l'Univers dans un même Ordre universel, que l'on se rend compte de la difficulté, disons même de l'impossibilité d'exprimer ce Principe sous une seule forme. La Conscience fonctionne par étape. Son développement nécessite le discernement intellectuel des rapports de Cause à Effet et la valeur évolutive des éléments en présence.

Une fois pour toutes, remarquons qu'un Intellectuel, un Savant, n'est pas nécessairement conscient, dans toute l'acception du terme. Je répète, pour être vraiment conscient, il ne suffit pas de discerner les rapports techniques de l'expérience, mais encore les rapports de l'Universel au Particulier concernant l'application de ces expériences à l'Utilité morale, sans laquelle il n'y a aucune évolution possible.

L'on ne peut comparer l'évolution de la conscience à une mémoire qui s'enrichit d'un plus grand nombre de matériaux. Au contraire, c'est une centralisation des facultés dans une nouvelle unité synthétique, donnant l'impression d'une plus grande liberté. Par analogie, les états de conscience sont comparables à un observateur qui verrait s'agrandir l'horizon à mesure qu'il s'éloignerait perpendiculairement du sol terrestre. Chacune des nouvelles étapes de la conscience synthétise les autres en un état supérieur qui est la clé des précédents et ainsi de suite, jusqu'à la Cause Première.

Dans ces conditions, il serait stupide de préconiser un même enseignement pour tout le monde. Donner des directives suivant la mentalité et le tempérament de la personne, la guider dans son choix, lui ouvrir les yeux sur des notions qu'elle ignore, l'amener à observer, réfléchir, comparer, déduire et construire de nouvelles inductions, telle est la marche des enseignements, suivie par les Intelligences supérieures.

Les détails d'une correspondance personnelle avec ces Intelligences ne s'appliquent donc pas à tout le monde, mais au degré d'évolution, au développement des facultés de l'élève. Ces enseignements complètent utilement les connaissances acquises et préparent la conscience à des jugements, à la fois plus « étendus » et plus « profonds ». Pour celui qui les reçoit, ces enseignements ont une valeur inappréciable, parce qu'ils contiennent une capacité maximum d'extension, avec un minimum d'effort. Il permettent à l'élève de conserver son équilibre mental dans l'étude de l'énergie qu'il manipule et cette remarque mérite d'être prise en considération. Rayonnant autour d'un même Ordre universel, se rapprochant un peu plus de la texture, du schéma de cet Ordre cosmique, ils amènent peu à peu l'étudiant à la Conscience de cet Ordre et la mesure exacte avec laquelle les enseignements sont distribués, permettent d'obtenir, sans efforts appréciables, des résultats sans comparaison avec toutes les méthodes connues jusqu'à ce jour.

L'Intercommunication journalière est une faculté qui se réalise à tout instant, sans préparation spéciale. Un simple élan de la pensée vers ses Protecteurs, situe la conscience dans la dimension, dans la radioactivité du plan correspondant, l'affection contenue dans cette pensée débarrasse l'ambiance des vibrations gênantes et il vous reste à noter les réponses, afin de pouvoir en tirer les conséquences logiques qui s'imposent.

Je répète, ces enseignements ne sont pas des révélations dogmatiques, ils n'ont rien de surnaturel ou de sensationnel, ils s'appliquent seulement d'une façon exacte, à un degré légèrement supérieur à la mentalité de l'étudiant, dont ils élèvent peu à peu la Conscience dans les régions sans forme des Principes du Monde. Comme dans toutes les études, il y a des surprises, des points de vue auxquels on ne s'attendait pas. Ces notions semblent parfois détruire les précédentes, mais on s'aperçoit par la suite qu'elles les complètent, en les réduisant sur un Principe supérieur. On brûle ainsi ce que l'on avait adoré, pour adorer peu après ce que l'on a brûlé. En se réduisant, la Conscience s'imprègne de la douleur du monde et va contribuer à son amortissement. À mesure qu'il monte, l'esprit devient moins agressif et la tolérance la plus large accompagne la paix des mondes supérieurs.

* * *

Les mêmes remarques s'appliquent au dédoublement personnel. Le dégagement de l'Être conscient, dans une région quelconque de l'espace ne lui donne pas une connaissance intégrale de ce monde. Avant de pénétrer une essence plus radioactive, il faut d'abord qu'il apprenne à utiliser les éléments dans lesquels il se trouve. C'est après avoir éprouvé les effets, observé la résistance des oscillations, leur souplesse à manifester les formes-pensées, la subtilité des réactions de toute nature, que l'on prend conscience des possibilités, des limites, des manifestations susceptibles de se produire dans cet état de la substance. À ce moment, l'on se dépouille des atomes en relation avec la densité de cette substance et l'on pénètre un autre monde dans lequel il faudra nécessairement répéter les mêmes études, afin de connaître ses caractéristiques. L'on continue ainsi, dans un éther de plus en plus raréfié, jusqu'à ce que l'on soit arrivé au point culminant où la Conscience s'unit à l'Essence magnétique de la vie, lui donnant accès aux Principes du Monde (Le résultat de ces expériences est publié dans l'*Évolution dans les Mondes Supérieurs*, du même auteur).

Si vous voulez bien vous représenter encore une fois la texture oscillante des Mondes invisibles, vous vous rendrez mieux compte du travail qu'il est possible d'y effectuer.

J'ai visité différentes dimensions, différents plans, en y observant la vie des habitants, animaux, êtres humains, etc. Voici quelques observations que j'en ai rapportées.

Chaque état de densité, ou dimension de l'éther correspond à nos affinités, à nos désirs, à nos préférences. Chacun y mène donc la vie qu'il souhaite. Comme la plupart des gens ignorent la possibilité de vivre consciemment dans l'espace, ils vont donc s'entourer de créations imaginaires.

Mais que signifie exactement l'expression : « Création imaginaire » ? Pour ces gens qui ne savent pas, leur imagination est une « réalité ». Je dirais même c'est une « nécessité », de leur état, au même titre que nos créations terrestres. Celles-ci ne sont plus dans le monde astral, que des « illusions », « des images », et cependant que de peine nous avons à les édifier, que de souffrances elles nous coûtent parfois. Il est donc tout naturel que chacun vive dans le monde où il se trouve avec ses affections, entouré des constructions formées par les matériaux de ce monde. Personne ne s'inquiète de la nature de ces matériaux dans le monde suivant. Tout le monde sait que les atomes sont des particules d'électricité positive et négative, gravitant l'un autour de l'autre, à des vitesses et suivant des orbites déterminables, mais personne ne réfléchit que ces atomes constituent un monde réel et non imaginaire. Personne ne pense que cette réalité est aussi palpable dans la dimension suivante que sur terre. Et ce défaut de réflexion est dû à notre ignorance des manifestations de la vie dans les autres parties de l'espace.

La réalité tangible, consciente, sensitive du monde où l'on se trouve placé dans le temps présent, est une loi universelle qu'aucun dogme ne peut nier.

À part le monde des Principes, chaque état radioactif de la substance universelle se prête admirablement à la création des formes représentant l'objet des affections de chacun. Par comparaison, ces mondes sont une perfection du nôtre. Que cherchons-nous sur terre ? En dehors des besoins nécessaires à la vie, chacun poursuit un but. Les plus ordinaires sont de pouvoir travailler en paix et de faire suffisamment d'économies pour l'achat d'une petite maison. Être chez soi, dans une villa élégamment meublée, posséder de grandes propriétés, se promener constamment, prendre de nouveaux plaisirs, voir de nouveaux pays sont des buts assez répandus et déjà plus difficiles à satisfaire. Je vous cite pour mémoire les buts poursuivis par les poètes, les artistes, les savants de tous les domaines. Et conjointement tout le monde cherche par des relations solides à vivre en paix les uns avec les autres.

Supposons un instant que notre terre et ses habitants soient transférés dans la dimension suivante. Toutes les variations ayant eu lieu d'une façon proportionnelle, personne ne s'en apercevrait. Chacun continuerait ses occupations, comme s'il n'y avait aucun changement. Toutefois, une atmosphère inusitée de paix s'étendrait dans tous les domaines. Les relations, moins rudes, s'adouciraient graduellement. Tout arriverait à point, chacun verrait ses désirs se réaliser rapidement, sans gêner ceux des autres. Plus aucune réclamation, de quelque nature que ce soit. L'ordre social fonctionnerait comme une montre. Faits inouïs : les hommes politiques vivraient en paix, les employés d'administration seraient aimables, les journalistes diraient la vérité, les compagnies de transports auraient un horaire constant et les dames ne seraient plus jalouses ! Bref, ce serait l'âge d'or.

La perfection des moyens utilisés dans l'invisible est bien plus grande que cette petite hypothèse imaginaire. D'abord, parce que les gens sont sélectionnés d'une façon automatique par leurs affections qui les situent dans un même monde. Ensuite, parce que les Êtres supérieurs viennent les aider à organiser un état de choses s'adaptant à leur caractère et leur permettant de pénétrer les états supérieurs à mesure qu'ils se rendent compte de la nature du monde dans lequel ils vivent.

J'ai observé, au cours d'un dédoublement, une région de l'éther où se rendent après leur mort, les gens, ni bons ni mauvais, ne connaissant que leur labeur habituel, avec ses agréments et ses difficultés. Au début, leurs sensations matérielles persistaient. Mais, comme je viens de vous le dire, toute une catégorie de gens dévoués se partage la joie d'aider ces malheureux, à mettre en œuvre les possibilités du monde où ils se trouvent. Ils commencent à les débarrasser de leurs affinités les plus rapprochées de la matière et les aident à organiser un système social où ils seront tous heureux. Dans cette organisation, chacun va se livrer à son travail, à ses occupations, à ses habitudes familières : travaux techniques, administratifs, commerciaux, scientifiques, etc.., dans la paix et le calme, attachés à la nature de la substance dans laquelle ils se trouvent. Entre autres, j'en ai remarqué qui étudiaient la circulation de la sève dans une plante, qu'ils avaient grossie considérablement pour la circonstance.

L'espace avait été divisé par secteurs, dans lesquels se trouvaient localisés les individus ayant les mêmes affections. Tout ce monde était heureux. Je voyais certaines catégories d'ouvriers toucher leur paie et réaliser d'importantes économies. Et cependant il leur eût suffi d'y penser pour devenir archimilliardaires. Dans l'au-delà, comme sur terre, tout est relatif. L'on ne prend conscience que des connaissances acquises.

Dans cette ville idéale, je voyais les tramways fonctionner sans accidents. Je visitai plusieurs usines sans constater d'autre changement avec la terre qu'un bonheur et un bien-être pour tout le monde.

C'est dans les habitations, créées par chacun, que mes observations furent les plus curieuses. Par leur examen, je discernais exactement la nature des pensées et les affections de leurs occupants. Les unes étaient simples, sobres et de bon goût, d'autres grandes et luxueuses, plusieurs étaient meublées de façon disparate, toutes ces formes correspondaient aux affinités de leurs créateurs.

Dans un monde plus inférieur, j'ai observé de la même façon le clan des voluptueux et des passions animales. L'habitation se réduisait dans certains cas à une sorte d'écurie sentant fortement l'urine.

Tout en observant sur place les particularités de cette organisation, je réfléchissais à l'activité qui m'entourait, et vraiment, je n'ai trouvé que des arguments en sa faveur.

En somme, chacun ne peut se développer qu'à l'aide de ses connaissances et de ses affections. C'est logique, rationnel et conforme à notre constitution. En fournissant à tous les moyens de les mettre à profit, dans la plus grande mesure, c'est faire progresser leurs facultés.

Chacun des secteurs de cette organisation aboutissait à des carrefours. Ces carrefours représentaient des lieux de concentration d'où l'on répartissait les humains dans leurs diverses catégories. Des quantités de rues semblaient y aboutir. Les unes placées sur un même plan horizontal. Par un escalier on accédait à d'autres, orientées obliquement vers le haut ou vers le bas. Des salles d'attente garnies de canapés en velours rouge permettaient aux nouveaux venus d'attendre leur tour.

Je ne m'attarderai pas à vous citer toutes mes expériences. La pensée étant créatrice dans ces régions de l'espace, il est facile de vous imaginer toutes les perfections qu'il est possible d'apporter à de telles organisations. D'ailleurs, la bonne volonté est amplement récompensée. Les Êtres plus avancés qui dirigent et canalisent ces manifestations amènent peu à peu les humains qui en sont l'objet à une conscience plus élevée de leur état, ce qui leur permettra de changer de dimension et d'aborder des travaux plus perfectionnés.

LIMITES DU LIBRE ARBITRE ET INFLUENCE DE LA VOLONTÉ DANS LES AUTRES MONDES

La connaissance des manifestations de la vie dans les autres mondes nous donne la clé de toutes les visions mystiques des Anciens et nous comprenons maintenant la raison de leurs contradictions apparentes.

L'étude rationnelle des atmosphères, dont la densité règle la puissance radioactive, exige avant toute chose le calme « absolu » des pensées. L'on peut obtenir ainsi des observations impartiales. Pour ceux qui sont suffisamment avancés, il y a une dérogation à cette règle, puisqu'ils savent limiter les manifestations de leurs pensées.

Dans l'invisible, la volonté est une baguette magique et il est assez facile de mettre de côté ses tendances instinctives.

Il est intéressant de savoir dans quelle mesure cette volonté est capable de s'exercer et de connaître ses rapports avec le libre arbitre.

S'il s'agit d'un perfectionnement personnel, cette mesure n'a pas de limite. Elle croît avec l'étendue du libre arbitre, jusqu'à la liberté absolue. Chacun peut aspirer à sortir du courant de l'Évolution, par la conjonction de sa Conscience avec les Principes de l'Harmonie cosmique.(Voir les détails pratiques dans *l'Évolution dans les Mondes supérieurs*).

Si l'on recherche des satisfactions grossières dans les mondes inférieurs, l'expérience est vite arrêtée par des obstacles de toute nature. L'on devient victime des êtres et des forces en action dans ces espaces obscurs de l'éther et la folie en est généralement le résultat peu enviable. Dans ces atmosphères lourdes, la moquerie de ses habitants est l'élément qui domine. La pensée des êtres qui y vivent se transmet d'une façon assez matérielle. Dans les mondes supérieurs, la pensée est claire, précise, d'une compréhension vivante, immédiate, sans que l'on discerne aucun son.

Dans les mondes inférieurs, l'on a la sensation d'entendre un timbre de voix inconnu sur Terre. Tout en étant soutenue, l'on dirait une voix grêle. Le timbre n'est pas aigu ni grave ; il est fort, sans personnalité. Sa résonance est bien différente de la nôtre et cependant très distincte. Quant aux sensations que l'on éprouve dans ces mondes, elles sont presque matérielles.

Dans une expérience, je distinguai à travers l'atmosphère obscure d'un de ces plans une personne décédée placée sur les marches d'un escalier. L'image figurait l'entrée d'une cave dans laquelle régnait une obscurité absolue. Je descendis quelques marches, attiré par cette personne qui m'embrassa. Malgré la conscience de mon état et ma grande béatitude, la sensation matérielle fut si forte que, malgré moi, j'ouvris les yeux, persuadé que quelqu'un m'avait troublé dans mon dédoublement. Aussitôt, je reconnus mon erreur. Mais il était trop tard et j'ai perdu une excellente occasion de faire des observations intéressantes. J'ai seulement noté la sensation « froide » de l'attouchement.

Enfin, malgré qu'il soit possible de traverser toutes les maisons d'une ville, comme si elles n'existaient pas, il ne faut pas en déduire qu'il est possible de s'introduire chez quelqu'un, malgré sa volonté. Sans quoi ce serait un véritable cambriolage et que de perturbations en perspective, que de secrets découverts ! Rassurez-vous, dans l'invisible, la liberté individuelle est sacrée et la volonté inviolable.

À moins que vos affections ne soient en harmonie avec ceux que vous attirez dans votre ambiance, ne craignez pas de visites intempestives. Votre demeure est infranchissable et aucun policier amateur ne peut utiliser ce moyen pour vous perquisitionner chez vous.

Pour établir des relations suivies avec une personne habitant la terre, il faut lui être unie par des liens très profonds : parents, fiancée, ou amis avec lesquels on est uni spirituellement.

Des liens de camaraderie ne suffisent pas toujours. Sur ce sujet, j'ai fait l'expérience suivante :

Un jeune homme voisin s'intéressait aux faits psychiques et me dit être curieux de constater le phénomène du dédoublement. Je convins avec lui d'aller le voir le soir même. Sa maison était située à vingt mètres de la mienne et j'en connaissais la disposition intérieure. Étant donné que j'avais l'habitude de me dédoubler à quinze mille kilomètres, dans un pays et une maison inconnus, sans autre guide que l'affection, cette expérience était l'enfance de l'art.

Je rencontrai cependant de graves difficultés. À la première tentative, je fus compressé par des forces inconnues qui me firent crier de douleur et entravèrent le dégagement. La seconde fois, je fus plus heureux, je réussis à pénétrer dans la chambre du jeune homme, mais j'en fus chassé très rapidement par l'énergie ambiante. J'eus à peine le temps de l'apercevoir couché, la figure légèrement lumineuse et je criai vivement son nom, comme c'était convenu. C'est à ce moment que je fus repoussé par une force inconnue.

J'eus l'idée que cette énergie était due à un nommé Jacques. Je manifestai la pensée de le voir. Aussitôt, cette personne inconnue se présenta sous la forme d'un soldat, croisant la baïonnette et m'insultant. Après beaucoup d'efforts, je réussis à le désarmer d'abord, à le chasser ensuite par le signe de croix. À partir de cet instant, l'expérience reprit son cours normal. Je revins dans mon corps et, après avoir noté ces détails, je repartis très conscient. Après avoir traversé la chambre de mes enfants, je franchis, d'un bond, l'espace me séparant du lieu du rendez-vous. En arrivant au-dessus de cette maison, un courant magnétique voulut m'entraîner, je résistai, et je descendis perpendiculairement dans la chambre du dormeur. Je le vis couché en gilet de flanelle, les bras nus. Posant mes mains sur ses bras, afin de lui faire sentir ma présence, je lui dis que j'étais près de lui, conscient de mon double état, avec toute la présence d'esprit désirable, sans hésitation possible. Je revins dans mon corps, et, le lendemain, j'interrogeai ce jeune homme. Tous les détails de l'expérience étaient exacts. Un camarade, nommé Jacques, l'avait en effet quitté depuis plusieurs jours. Quant à ma visite, il n'en avait pas eu conscience.

En général, lorsque l'on voyage, l'on peut passer partout, mais dès que la pensée se précise sur un but, il faut tenir compte du libre arbitre et des résistances dues à l'atmosphère du lieu que l'on visite.

Ainsi, au cours de mes expériences, j'ai rencontré à plusieurs reprises des résistances sous l'aspect de nuages noirâtres émanant de la maison où était logée la personne, que je venais voir. Je réussis à les vaincre, grâce à des radiations sympathiques émises par des meubles qui m'avaient appartenu et qui garnissaient l'appartement.

De toutes ces expériences, l'on peut en conclure que la volonté exerce dans l'invisible une action proportionnelle à la précision des connaissances que l'on possède et au désintéressement du but poursuivi. La disjonction de ces deux facteurs essentiels conduit à un déséquilibre d'autant plus dangereux que l'égoïsme y est plus accentué.

COMMENT L'ON DISTINGUE LES FORMES ET LES ÊTRES VIVANTS

Étant donné le vaste champ de substance où s'équilibrent toutes les formes de l'énergie, dont le rayonnement électronique varie d'un minimum à un maximum de radioactivité, il est facile de s'imaginer la construction des formes vivantes de la nature.

Pas un atome, pas une vibration, aussi faible soit-elle, qui ne soit enregistrée dans la substance cosmique.

Côté matière, les grains d'énergie de la substance occupent un minimum d'espace. L'inertie est à son maximum, moins une fraction, sans laquelle elle ne pourrait répondre à aucune vibration. C'est la plus grande compression qu'il est possible d'obtenir sans franchir la limite de notre Univers. C'est la limite extrême de la vie dans la substance matérielle.

Côté force de la substance, la vitesse des atomes s'est dispersée dans l'espace dans sa plus grande extension. La fraction infinitésimale d'inertie mécanique qui leur reste correspond exactement à la même proportion d'énergie animant le côté matière. Elle est donc réduite à sa plus simple expression. La dépasser serait franchir de nouveau les limites de notre Univers et tomber dans une réalité trop abstraite à la conscience moderne. Cette expansion des atomes rayonne dans le plus grand volume, alors que cet espace sphérique n'était qu'un point à l'autre extrémité.

Ces qualités extrêmes de la substance s'équilibrent dans une fécondation réciproque, qui n'est autre que la « vie », courant neutre, susceptible de se manifester dans toutes les parties de notre Univers, sans perdre l'équilibre du système de forces qu'il représente.

Ce quadruple rapport de l'énergie vitale est la raison pour laquelle l'être humain peut sortir de l'Univers, dans lequel il a pris conscience de ses possibilités relatives et absolues.

Ce schéma de notre organisation cosmique vous explique pourquoi tous les mouvements, de quelque nature qu'ils soient, sont enregistrés dans la substance invisible. En vérité, ils ne sauraient se former ailleurs. L'énergie attractive, qui varie d'un maximum de compression à un maximum d'extension, demande nécessairement un support. Et ce support est la substance universelle, dont la proportion variable de force et de matière définit la nature des mondes dans lesquels nous sommes appelés à vivre.

Dans ces conditions, tous les mondes sont aussi réels les uns que les autres. Les plus inférieurs comme les plus supérieurs étant «indispensables» au discernement conscient qui constitue la partie essentielle de l'Être humain.

Cette texture, cette trame, sous laquelle l'Univers cosmique se présente aux études effectuées par dédoublement personnel, nous explique à la fois le mode de formation de tous les phénomènes, la façon dont ils peuvent se manifester, prendre racine et évoluer dans les différents mondes de notre Univers.

La simplicité de cette constitution cosmique fait ressortir aussi malheureusement la profondeur de notre ignorance. Elle nous démontre, sans autre commentaire, la pauvreté, la faiblesse intellectuelle de tous ces raisonneurs qui, de siècle en siècle, encombrent notre littérature, en récitant comme des perroquets les mêmes insanités sous une forme adaptée à la mentalité du siècle.

Ces conditions fondamentales, éternelles de la Vie, dans tous les Univers gravitant dans l'Espace infini, vous indiquent l'étendue des observations qu'il est possible d'y faire. Moule de toutes les vibrations ayant donné naissance aux formes multiples de la matière vivante, la première condition à réaliser, pour l'étudiant, est de commencer par l'analyse de cette substance.

Pour débuter, il est prudent d'éviter les formes innombrables qui gravitent dans les Plans de notre Univers et de ne s'intéresser qu'à la structure oscillante de ces Mondes.

Lorsque, par expérience, l'on aura discerné suffisamment les caractéristiques des plans les plus accessibles, lorsque l'on aura pris conscience de la nature des forces capables de s'y manifester et des conditions dans lesquelles il est possible d'y vivre, l'on pourra commencer à étudier les formes elles-mêmes, d'une façon plus rationnelle.

En pratique, n'accordez donc qu'une confiance limitée dans les formes qui se manifestent dans vos dédoublements. Vous devez voir la substance comme une atmosphère sans limite, de densité et de luminosité variables.

L'observation de groupes d'études disséminés dans une atmosphère quelconque résume la vie la plus rationnelle pour une intelligence moyenne. Un être suffisamment avancé ne s'attardera pas dans un plan où il effectue en quelque sorte un travail mécanique. Sa conscience supérieure le ramènera vite au sentiment de la réalité et, d'un coup d'aile, il s'élèvera dans les régions où se fait l'étude de l'Univers et de ses Lois. Il expérimentera, enrichira sa conscience des possibilités naturelles et, à sa prochaine incarnation, il saura relier les Effets et les Causes avec la trame de l'Univers.

Il me serait impossible de vous donner une nomenclature des images qui peuvent être observées dans l'invisible, puisqu'elles sont illimitées. Je répète, pas une vibration ne peut se manifester dans une des planètes de notre système solaire, sans qu'elle soit enregistrée en différents points de l'atmosphère cosmique dans lequel évolue notre Univers. Quelles que soient leurs apparences, attractions électroniques, affinités, idées, pensées, désirs, sentiments, toutes les forces, toutes les formes, toutes les longueurs d'onde, toutes les radiations sont susceptibles de se manifester dans le mouvement universel, sous le numéro d'ordre qui leur correspond.

En pratique, les premières observations portent sur le discernement des formes des êtres vivants. À titre d'exemples, voici les plus communes:

1. Les images provoquées par vos pensées personnelles;
2. Les images créées par les désincarnés, suivant l'orientation de leurs pensées et de leurs affections: organisation sociale, scientifique, religieuse, habitations, objets, etc.;
3. Les pensées éphémères de chacun voguant au hasard, ou vers un but déterminé, dans un degré quelconque de la substance;
4. Les pensées collectives des habitants de la terre;
5. Les images de faits passés, petits ou grands;
6. Les doubles animés de tout ce qui existe ici-bas, objets prétendus inertes ou êtres vivants;
7. Les êtres vivants eux-mêmes déjà bien constitués, comme les plantes et les animaux, attendant leur manifestation terrestre;
8. Les coques vides éphémères des êtres vivants, passant d'une dimension dans un monde supérieur;
9. Les êtres humains eux-mêmes, dans lesquels il faut distinguer les êtres vrais des formes provisoires.

Enfin, il faut songer qu'une volonté supérieure à la vôtre peut encore se manifester sous une forme quelconque et vous comprendrez la difficulté réelle de ces études.

Quant aux formes des Êtres supérieurs, ils n'en possèdent pas. Ce sont des Centres d'Énergie autonome. Il leur est facile de se présenter à vous sous la forme qu'il leur plaît, mais, en pratique, on les voit rarement. L'on sent seulement leur présence, par l'atmosphère spéciale d'une énergie amie, confiante, empreinte d'une radioactivité protectrice et bienfaisante. Dans certains cas, Ils expriment leur affection par symbole et dans le seul but de vous être utile.

L'étude des formes-pensées demande une assez grande habitude. Voici un procédé pratique que je vous recommande. Lorsque vous connaîtrez suffisamment la composition intime des premiers degrés qui vous sont abordables, examinez le monde où vous êtes, en vous plaçant dans une substance légèrement moins matérielle. Vous pourrez ainsi observer tout à loisir les différents détails, sans courir le risque d'y produire des perturbations par vos pensées personnelles. L'on est d'ailleurs beaucoup plus libre de ses actes, car l'on n'est pas gêné par la radioactivité du monde que l'on étudie.

Notez que cette remarque s'applique dans tous les cas. Étudiez les phénomènes scientifiques dans la dimension suivante, par exemple, et vous aurez la clé de leur formation.

J'observai un jour, par ce procédé, la constitution des objets terrestres. Entre autres, je voyais les plantes et les arbres comme s'ils étaient soumis à l'action des rayons X. Sur un ton plus foncé que le reste, je distinguai les fibres, comme un vaste filet nerveux et je voyais la sève s'y transporter. De la même façon, j'apercevais le squelette des êtres humains et je constatai de nombreuses déformations de la colonne vertébrale et du thorax.

L'on apprécie la part d'utilité d'une forme, le degré d'évolution d'un être vivant par la qualité de son rayonnement magnétique, par la réaction qu'il provoque dans notre ambiance, ainsi que nous le verrons plus loin.

Les images des faits passés se distinguent des organisations ayant pour but l'instruction, l'évolution des désincarnés, par une activité dont aucune expression ne peut dépeindre la netteté et la réalité.

Je me souviens d'avoir touché un copeau métallique, enlevé par un tour, dans une usine de métallurgie et en avoir retiré une sensation de brûlure. Ceci, naturellement, dans l'état de conscience attaché à ce plan.

L'on ne s'imagine pas la réalité de cette existence et de tous les faits qui s'y rattachent. Soi-même, placé dans le même état de conscience que les habitants de ce monde, l'on ressent toute l'utilité indiscutable de cette organisation, et l'on n'aurait pas l'idée de chercher à agir sur ces formes dans un but de curiosité. Pas plus que sur terre il ne viendrait à la pensée d'une personne bien équilibrée de s'amuser à casser les carreaux pour se distraire. L'observateur conscient des possibilités des mondes supérieurs juge cette vie invisible comme un bachelier apprécierait le travail d'un enfant apprenant à faire des bâtons. L'utilité s'impose du fait que lui-même a vécu les mêmes nécessités et qu'il est impossible, en somme, de donner à qui que ce soit la conscience d'un état supérieur, s'il n'a pas pénétré auparavant ses nécessités dans l'organisation cosmique.

Lorsqu'il s'agit de formes représentant des faits passés, la volonté agit plus activement. Il suffit de vouloir pour les faire disparaître aussitôt, comme un cliché auquel on cesse de s'intéresser.

Les formes de moindre importance crées au hasard, sans consistance bien accentuée, se dissocient assez facilement, sous l'influence de la volonté. Toutefois, il ne faut pas toujours se fier à l'apparence. Lorsqu'elles appartiennent à des groupements, il est possible que l'on soit le moins fort et l'on peut être malmené par les gens qui les ont créées. Il est préférable de ne pas s'en occuper.

Sous l'influence de la pensée, certaines formes se volatilisent sans laisser de trace, comme un tampon d'ouate imbibé d'essence. D'autres sont plus résistantes, elles se débattent et il faut engager avec elles une sorte de lutte. Dans certains cas, j'ai constaté un résidu liquide, épais, noirâtre, sorte de protoplasma informe. Parfois, c'était un résidu symbolique de verre cassé.

Après quelques expériences, il est assez facile de distinguer les formes-pensées des êtres vivants suffisamment constitués. En général, les formes-pensées sont moins vibrantes, moins actives que les êtres déjà évolués. Leur radioactivité est beaucoup moins puissante. Au cours de ces études, j'avais dissocié un jour la forme d'un chien. La tête seule était restée et je vis un enfant venir près de moi me dire que c'était un chien. L'intensité de la vie animant cette tête me fit comprendre aussitôt mon erreur.

Lorsque l'on agit pour dissoudre une forme-pensée, l'on observe tout d'abord un certain ralentissement dans l'activité oscillante de ses atomes. Les contours perdent leur netteté, ils deviennent flous. Les dimensions changent, l'image devient plus petite, le tout devient difforme et enfin s'évanouit.

DEUXIÈME PARTIE

Quelques résultats de l'expérience
Sur les relations fondamentales entre
l'Univers, L'Homme et ses Semblables

LES POUVOIRS DE LA PENSÉE

Tous les procédés de communication avec les mondes invisibles, dont le dédoublement personnel est en quelque sorte le couronnement, reposent sur l'équilibre des forces en action dans l'Univers, dont nous venons d'esquisser la trame énergétique.

Nos conceptions habituelles entrent dans une voie nouvelle. La Morale elle-même s'évade de l'arsenal de Droits et de Devoirs créés par les hommes.

Le résultat de l'expérience permet d'assimiler la conscience humaine à un système directeur et centralisateur d'énergie en dehors de la personnalité temporaire utilisée par cette Conscience.

En cherchant à se rendre utile, l'être humain apprend à vivre, à manifester sa volonté en harmonie avec les lois de la nature et le système d'accords qu'il va créer. Ceci est la clé véritable des pouvoirs supérieurs.

Les moyens de communication avec les mondes invisibles sont assez nombreux. Ils s'étendent depuis la plus simple expérience de spiritisme jusqu'à la communion de la Conscience avec les mondes supérieurs.

L'outil utilisé dans tous les cas est la pensée. L'étude de la pensée est fort intéressante et la connaissance de son mécanisme est la base élémentaire, indispensable, de toutes les questions psychiques.

Il est profondément regrettable que ce mécanisme soit autant méconnu. Les effets de la pensée sont aussi positifs qu'un objet matériel et son importance croît avec l'évolution de la conscience.

La pensée est le fruit d'une longue série d'évolutions successives. Ce n'est qu'après des essais innombrables, que la nature est parvenue à doter l'être humain d'une puissance aussi perfectionnée.

En poussant l'analyse de la pensée dans ses racines fondamentales, l'on s'aperçoit qu'elle n'est pas un objet par elle-même. La pensée est l'acte résultant d'un système d'énergies permettant d'utiliser les images, appelées idées, soit pour en discerner la cause efficiente, soit pour trouver la clé des phénomènes et les adapter à nos besoins.

La pensée exerce sur les idées une véritable métallurgie. Elle les comprime, les malaxe, les forge, sous les assauts réitérés de l'imagination, pour les assouplir dans le laminage de la raison.

Sous l'influence de la pensée, toute une série d'opérations inconscientes entre en jeu. L'attention, la comparaison, le jugement déterminent un nouvel ordre, orienté vers un but sentimental, instinctif ou volontairement défini.

La pensée est l'expression d'un double rapport : « relatif » dans le temps phénoménal, « absolu », c'est-à-dire constant, invariable, en dehors du champ attractif de notre système d'Univers.

C'est à l'aide de ce double rapport que la Conscience peut discerner les effets, en déduire les causes et en extraire les principes, en les comparant à sa propre nature.

Le discernement de ces rapports nous entraînerait trop loin. Disons seulement que le rapport relatif, variable, suit les différentes phases de l'expérience, tandis que le rapport invariable en extrait le caractère d'utilité générale dont il enrichit la conscience supérieure.

Chaque fois que l'on pense, chacun doit savoir qu'il met en jeu une force grossièrement comparable à l'énergie électrique. Ce courant est de nature « positive » chaque fois qu'il extrait des images un jugement ayant un caractère d'utilité générale. Son action est plus intense à mesure qu'il se rapproche d'une organisation ayant pour but le bien commun.

À mesure que la pensée descend vers les idées de désordre, de désorganisation, d'égoïsme, vers toute image se rapportant aux bas instincts de l'animalité, son caractère « négatif » s'accentue. Elle se trouve, en effet, comprimée par le côté nature de la substance et son amortissement rapide lui donne une vie éphémère.

Par expérience, l'on démontre que « les pensées de même nom s'attirent et les pensées de noms contraires se repoussent ». C'est là l'origine de toutes les associations d'idées sympathiques, personnelles ou collectives.

L'action de rendre le bien pour le mal n'est que la stricte application de cette loi fondamentale. En pratiquant la maxime « œil pour œil, dent pour dent », vous amplifiez un système d'énergie qui vient frapper le plus faible, aurait-il cent fois raison. En envoyant des pensées d'affection à une personne qui vous veut du mal, vous élevez un mur infranchissable, contre lequel viennent se briser les pensées adverses. Si votre adversaire insiste, il crée un chemin de moindre résistance, par lequel lui reviendront fidèlement les vibrations qu'il vous envoie, à la façon d'une balle qu'il aurait lancée contre un mur.

La même loi s'applique avec avantage aux maladies physiques, morales et intellectuelles, ainsi qu'aux éléments de l'existence.

Tout ceci n'a rien de mystique et se rattache aux lois les plus élémentaires du psychisme.

La pensée se rattache encore à un système d'énergie, utilisé par un grand nombre de personnes, sous une forme superstitieuse. Nous voulons parler de l'invocation, ou prière.

Par expérience, nous savons qu'il est possible de mettre enjeu, dans l'invisible, des forces dont la puissance est proportionnelle à l'extension centrifuge des atomes. Pour vivre consciemment dans cette atmosphère raréfiée et avoir accès à son réservoir d'énergie, il faut s'être débarrassé des attractions contraires. Cette décentralisation exige une série d'efforts soutenus, jusqu'à ce que l'intérêt général ait remplacé notre intérêt personnel. Il faut que l'on soit capable de vivre et d'aimer les constantes de cet intérêt général, de la même façon que nous nous aimons nous-mêmes.

Aussi éloignée que paraisse la réalisation d'un tel objectif, elle est cependant abordable pour tout le monde. Dans sa propre sphère, chacun peut effectuer des efforts qui lui permettront de devenir un être supérieur et de vivre dans ces régions quintessenciées de l'espace.

Étant donné le mécanisme ingénieux de cette organisation cosmique, il est permis d'en déduire à l'éternité de la vie, par son renouvellement automatique, sous une forme ou sous une autre. Il est donc non seulement possible, mais presque certain que des quantités d'êtres humains ont déjà réalisé les efforts nécessaires pour vivre constamment dans les régions supérieures de l'éther.

Cette quasi-certitude devient définitive à l'expérience, où l'on constate, en effet, la présence de surhommes, que nos ancêtres ont souvent considérés comme des dieux. La puissance extraordinaire de leur radioactivité, la perfection des qualités que l'on y discerne, le mécanisme perfectionné de la dimension où ils se trouvent dépassent en simplicité tout ce que les humains ont pu imaginer sur les dieux dont ils ont peuplé l'espace.

Étant donné l'ignorance des lois de l'évolution, il était donc naturel que les Anciens cherchent à se rendre favorables à leurs divinités par l'exécution d'actes plus ou moins barbares. Aujourd'hui encore, ces superstitions sont soigneusement entretenues par des collectivités dont l'intérêt est facile à comprendre et de puissantes associations culturelles brandissent, suivant le cas, tantôt le cauchemar des visions infernales, tantôt la béatitude d'une vie paradisiaque.

Puisque l'accession aux mondes supérieurs est l'effet d'une décentralisation de notre énergie et qu'il suffit d'aimer progressivement un ordre de choses meilleur et plus perfectionné, les dogmes édictés par les associations religieuses s'effondrent lamentablement.

En suivant une conduite honnête, en cherchant sans cesse à augmenter les bienfaits d'un ordre de choses plus tolérant, plus amical, plus fraternel, chacun attirera vers lui l'attention des hautes Individualités vivant dans les mondes supérieurs et recevra, de ce fait, une aide proportionnelle à l'élévation du but qu'il poursuit.

Il est donc inutile d'invoquer un Saint quelconque pour le faire travailler à notre place. Tous les milliards du monde ne vous donneront pas l'accès de ces mondes supérieurs, dans lesquels le plus pauvre peut entrer. La monnaie que l'on utilise est à la disposition de tout le monde : c'est l'attraction universelle dirigée dans le sens positif de l'Univers, à l'aide de la pensée.

Tandis que, du côté de la matière, l'énergie est dispersée dans une multiplicité d'effets, de phénomènes dans lesquels chaque fraction de vie est emprisonnée, du côté force c'est l'unification des causes, dans un principe d'activité qui est à la fois : Vie, Pensée et Sagesse.

Diriger ses pensées et ses désirs vers le côté matériel de l'existence, c'est se comprimer dans les formes multiples de la passivité.

Prendre comme but le côté idéal de la vie, en le concrétisant avec les nécessités pratiques de l'existence, c'est attirer vers soi les constantes positives de l'Univers et devenir capables d'y vivre dans une entière liberté.

Lorsque votre pensée rayonne dans l'espace, souvenez-vous qu'elle obéit à la loi de Cause et d'Effet, comme toutes les autres formes de l'énergie. Lorsque vous concentrez vos idées sur le but à atteindre, en demandant poliment, sous forme d'invocation ou de prière, que l'on vous aide dans vos efforts, observez les règles du psychisme. N'utilisez que des expressions « positives » de confiance, d'amour, de certitude. Évitez toutes les idées relatives au mal, à la haine, à l'incertitude, à la douleur, à la passivité, à l'incompréhension, etc. Seules les expressions contraires ont accès aux Mondes d'énergie supérieure et si vous l'attirez sous cette forme, il est évident que les autres se détruiront d'elles-mêmes.

L'ILLUSION ET LA RÉALITÉ

En lisant ces relations qui, par elles-mêmes, n'ont rien de bien extraordinaire, le lecteur peu au courant du mécanisme psychique de l'Univers est enclin à se demander comme l'on peut discerner dans ces études les parts respectives du réel et de l'illusion.

Si vous voulez bien réfléchir aux résultats de l'expérience, vous comprendrez que l'organisation cosmique sélectionne automatiquement toutes les formes de l'énergie, suivant leur rythme, leurs accords, vers le côté matière ou le côté force de l'Univers.

Dans ces champs immenses de substance électromagnétique, il n'y a pas de privilège. Quel que soit son degré d'évolution, chacun reçoit d'une façon proportionnelle à ses efforts. Que cette énergie contribue à son bonheur ou à son malheur, la loi de Cause et d'Effet ne s'en occupe pas. Le mécanisme est le même dans les deux cas.

Considérons un instant les caractéristiques générales de l'Univers. Dans un espace limité, nous avons une substance radioactive, douée d'un potentiel variable de +0,1 à -0,1. Par elle-même cette substance n'a d'autre fonction que d'absorber avidement toute forme de l'énergie qui se présente. C'est l'élément féminin docile à toutes les influences.

Un élément actif, le mouvement, anime cette substance. D'une part, un maximum d'intensité et un minimum de force électromotrice centralisent les attractions. C'est le côté matière, négatif, régi par la force centripète. D'autre part, un minimum d'intensité, de débit, sous un maximum de voltage. C'est le côté force, positif, où domine la force centrifuge.

La vie, élément neutre, formée d'une conjonction entre les rapports opposés du mouvement universel, est latente dans tous les mouvements de la substance. Elle est capable de se manifester depuis l'extrême densité jusqu'à l'essence la plus volatile de notre Univers. Elle circule librement dans tous les modes du mouvement, sans être assujettie par aucun.

La stabilisation de ces courants de haute et de basse fréquence crée dans l'Univers des états équilibrés, des plans qui ne se mélangent point. Seule la vie, formée par l'équilibre des éléments extrêmes, est capable de les pénétrer tous.

Pour changer d'état, de plan, de dimension à travers la masse de substance en mouvement dans l'Univers, il faut retenir qu'il est indispensable d'acquérir la vie.

Cette vie est à la disposition de tout élément perturbateur, de tout équilibre susceptible de se former dans un des modes de mouvement de la substance. Qu'une «affinité» s'établisse entre deux éléments de potentiel différent, et il va naître un couple électronique, dont le rythme va provoquer l'addition des accords de même longueur d'onde. C'est l'histoire du règne minéral, reflet visible des agglomérations invisibles de la substance.

Les formes de l'énergie circulant dans la matière terrestre vont établir entre les éléments du règne minéral des canalisations, des chemins de moindre résistance, qui vont donner naissance à de nouvelles affinités. Et celles-ci vont à leur tour prendre vie dans les mondes invisibles, pour se manifester sur terre à la première occasion.

L'addition successive des potentialités qu'en résultent détermine la répétition visible du mouvement instantané que l'on observe dans la formation des principes immédiats du règne minéral. Au lieu de naître et de mourir presque instantanément, les éléments minéraux réussissent à s'assembler et à se prêter un mutuel appui. Il en résulte un mouvement alternatif extrêmement rapide, de vie et de mort des atomes, mais l'ensemble résiste, croît et se développe dans le règne végétal.

La vie végétale va se développer et fortifier le mode de mouvement, commencé dans le minéral. Observée dans la dimension qui lui est propre, chaque plante constitue déjà un petit univers de vie spécialisée et bientôt vont apparaître les protozoaires, premiers rudiments du règne animal.

D'abord sans noyau, puis cellule ovulaire simple, association des cellules, l'évolution se poursuit du simple au complexe. Dans l'éther, le mouvement s'accentue, l'énergie potentielle prend une plus grande activité et devient visible sur terre. Les organes du mouvement s'assemblent d'abord dans l'ordre des rayons autour d'un centre, puis par paires, disposées de part et d'autre d'un axe symétrique. L'affinité perturbatrice, manifestée en vie spécialisée, s'est considérablement transformée. Capable d'une certaine sensibilité, elle recherche ses semblables et se grossit de toutes les affinités qu'elle peut capter. Elle s'y attache s'y cramponne et augmente sa puissance, sa capacité de vie.

Ce mécanisme élémentaire de l'unité de vie visible et invisible nous ouvre de nouveaux horizons sur tous ces phénomènes de l'évolution.

Puisqu'il y a des relations constantes entre un même potentiel de vie, tantôt visible, tantôt invisible, l'évolution du système d'accords qu'il représente rentre dans les conditions normales. Que ce potentiel vital se nomme : minéral, végétal, animal ou être humain, c'est un même principe qui se perfectionne, attiré vers le côté positif de son système d'Univers.

Nous savons, par expérience, que ce côté positif représente un maximum de force, de puissance électromagnétique, sous un minimum de densité. La raréfaction de l'énergie est telle que la liberté est presque absolue et la manipulation de cette énergie détermine le plus grand nombre d'effets avec le moindre effort.

L'observation des faits nous montre toutes les affinités se dirigeant vers ce côté positif de l'Univers. La vie suit docilement ces groupements, dont l'autonomie se précise, à mesure qu'ils se perfectionnent.

Affinité, désir, sentiment sont autant de causes perturbatrices susceptibles de prendre vie dans la substance universelle. Il est donc naturel que l'être humain soit sollicité constamment par ces vies élémentaires. Son centre attractif représente pour tous ces infiniment petits le côté positif de l'univers. Il en résulte, pour l'homme, une attraction générale vers le côté matériel de la vie, vers les jouissances de toutes sortes. Et cette attraction de la matière vivante est un fait normal de l'évolution.

Les auteurs qui préconisent l'égoïsme comme base de nos actions ne font donc qu'obéir à cette loi de la nature. Mais s'ils favorisent l'évolution de la substance dans les règnes inférieurs, par contre ils retardent leur évolution personnelle.

Le mécanisme de la vie, dans notre univers, semble donc nous enseigner que le désintéressement personnel est de l'égoïsme spirituel.

Ce serait vrai s'il n'intervenait pas l'Amour de l'Unité, renvoyant dans la Multiplicité le bien acquis par évolution personnelle.

Le détachement mécanique des formes de la vie inférieure, dans le seul but de se perfectionner et de vivre dans les régions supérieures de l'Univers, donnerait certainement un résultat. L'être humain pourrait être généreux, altruiste par principe, par nécessité mécanique de l'univers, tout en conservant au fond de lui-même un sentiment d'individualité, auquel il rapporterait le fruit de ses efforts.

Je trouve cette conduite absolument conforme à la réalité et bien des philosophes n'ont pas trouvé d'idéal plus élevé.

L'expérience du dédoublement personnel dans les régions supérieures du

Cosmos vient nous rassurer sur cette sécheresse possible de la Conscience. Quel que soit le degré d'évolution atteint par un Initié, travaillant dans son propre intérêt, jamais il ne pourra sortir du système d'Univers où il est né, car la conjonction de la Conscience supérieure avec la Conscience cosmique demande précisément l'abandon du principe personnel. Entré par égoïsme dans le cycle de la vie manifestée dans notre système d'Univers, le système conscient qui en résulte ne peut en sortir qu'en abandonnant la racine de sa Personnalité. Sa liberté est alors sans limites, parce qu'il œuvre en harmonie avec les constantes de l'Ordre universel, procréateur de tous les systèmes finis, voguant dans l'espace infini.

Voici donc le résultat définitif auquel n'aboutit, lorsque l'on veut discerner la part du réel et de l'illusion dans notre Univers. Tous les mots, toutes les expressions, semblent avoir été inventés par l'être humain pour masquer son ignorance de la vie universelle.

Réalité est un mot, Illusion en est un autre. Tous les deux sont une nécessité de l'Évolution. Ce qui est réel sur terre est illusion dans la dimension suivante et ainsi de suite. Mais sans l'illusion terrestre, il n'y aurait aucune réalité supérieure. Chaque élément vivant possède sa part d'illusion et de réalité, aussi nécessaire l'une que l'autre, puisqu'elles se transforment réciproquement.

L'ÉVOLUTION DANS LE TEMPS ET L'ESPACE

La réalité certaine, expérimentale des Mondes vivant dans les différentes densités de l'éther cosmique, donne à nos connaissances scientifiques une nouvelle valeur.

La notion d'énergie apparaît à travers ses innombrables transformations comme le Protée universel. L'atome électronique crée dans ses tourbillons vertigineux une souplesse extraordinaire de la substance et donne à l'homme vivant dans cette substance des pouvoirs et des facultés quasi divines.

À l'expérience, tout se passe comme si ces champs d'éther et de suréther électromagnétique possédaient des dimensions de plus en plus simples, pénétrant successivement la substance la plus dense. Il est aisé de voir que la réciproque n'existe pas.

En se sélectionnant, la délicatesse et la sensibilité des vibrations répondent à une gamme de pouvoir plus étendue dans le Temps et l'Espace.

L'on peut envisager cette atmosphère comme un système d'ondes s'entretenant par résonance. Il est normal que la volonté humaine puisse y créer des phénomènes d'interférence, par l'échange de potentialités qu'elle tire du milieu ambiant.

Aussi loin que l'on poursuive ses recherches, l'observation nous montre la vie animant une matière force capable de répondre à des oscillations plus faibles, à mesure qu'elle rayonne dans un espace plus considérable, avec des atomes moins resserrés. Et la limite d'extériorisation centrifuge de la substance en mouvement paraît se confondre avec l'espace infini.

Notre système d'univers serait alors un ensemble de Mondes finis, rayonnant dans l'infini par quantum. Et l'extrême limite de ce rayonnement semble marquer le point de tangence avec l'Infini.

Pour celui qui parvient à pousser l'expérimentation dans ces régions quintessenciées de l'univers, la souplesse progressive des états successifs de la substance, les pouvoirs plus considérables, l'Unité des facultés s'exerçant et se réalisant d'une façon instantanée, dans une complète liberté, lui permettent d'aborder la constitution de l'Univers avec une somme de probabilités inconnue jusqu'à ce jour.

Nous sommes en présence :

1. D'une substance en mouvement constant, obéissant progressivement à nos exigences d'une manière plus rapide et plus intense.
2. D'une Intelligence consciente de l'Unité et de l'Universalité de ses pouvoirs, qu'elle peut mettre en œuvre dans une fraction ou dans l'entier de l'espace sphérique qu'elle occupe, dans une mesure réactive exactement proportionnelle à l'action. Elle est capable de repos ou de mouvement à l'instant même.

Cette extrême liberté dans l'action en dehors de toute idée de temps ou d'espace, nous indique que l'être humain a réussi à créer, pour son usage personnel, un système d'accords lui permettant d'entretenir son propre mouvement, sans avoir recours à des formes limitées de l'Énergie.

L'Énergie est limitée par deux facteurs : le Temps et l'Espace. La comparaison et la déduction des faits permettent de considérer l'évolution de l'atome vivant ayant pour but de vaincre ces deux éléments essentiels de notre système d'Univers.

Le Temps, destructeur de toutes les formes de l'énergie, est le premier agent contre lequel la lutte s'engage. Les atomes vivants s'assemblent contre lui. Ils s'attachent avidement à tous les supports favorables à leur existence et l'égoïsme, la centralisation, est la base sans laquelle aucun être humain n'aurait vu le jour.

Après des pérégrinations sans nombre à travers les règnes de la nature, l'être vivant commence à posséder un système énergétique doué de résonances suffisamment fortes pour lui permettre de durer.

L'analyse des états de conscience dans les différentes régions de l'espace m'a permis d'en déduire que l'être humain marquait une étape définitive dans la lutte universelle engagée contre le Temps par la vie spécialisée.

L'Espace étant conditionné par le Temps, c'est une fameuse victoire qui vient d'être remportée. Les matériaux accumulés par l'être vivant dans les règnes de la nature se sont équilibrés avec une forme plus élevée de l'énergie, et l'animal s'est transformé en Être humain.

Le profane n'ayant jamais pris conscience des modalités de la force dans la substance universelle, ne peut s'imaginer la somme formidable d'énergie correspondant à ce nouveau titre. Et, sans être taxé d'exagération, l'on peut en conclure que l'Être humain est immortel dans le Temps. Je spécifie bien dans le « Temps ».

Et ceci est d'une extrême importance pour notre évolution. En effet, l'Être humain représentant le triomphe de la vie sur le Temps, n'a plus à s'en inquiéter. Cette lutte pour la vie résumait la première étape de son indépendance. Il fallait que se groupe un maximum d'énergie pour que son potentiel vital trouve à s'alimenter, en récupérant ses forces à mesure qu'elles s'épuisent, sans être limité par la durée.

Nous pouvons considérer le potentiel vital de l'être vivant comme un système d'ondes tendant à s'amortir, à se désagréger sous l'influence du Temps. L'action centripète de l'énergie vient équilibrer cette influence destructive. L'être vivant profite de cette aide provisoire de la nature pour amasser tous les matériaux qui vont lui permettre de conserver la vie. La lutte contre le Temps prend bientôt un nouveau caractère. En progressant, le système oscillant de l'animal acquiert une sensibilité lui permettant de discerner des formes supérieures de la vie. Ces éléments de conscience vont se perfectionner, jusqu'au moment où une dernière impulsion va les équilibrer avec un état neutre du cosmos, placé à mi-chemin de l'Évolution totale dans notre Univers.

Pour fixer les idées, supposons que cet état possède par exemple 50 % de matière et 50 % de force, les actions centripète et centrifuge de l'Énergie sont équilibrées. Dans cette densité, la substance possède une unité intermédiaire entre l'extrémité Matière et l'extrémité Force. L'équilibre est parfait, au double point de vue substance et énergie. L'être vivant qui a réussi à l'atteindre possède donc à ce moment un système oscillant capable d'entretenir son propre mouvement, sans avoir recours à l'énergie centripète. La pression intérieure équilibre la pression extérieure. L'amortissement, et par suite la destruction des efforts réalisés n'est plus à craindre. La vie n'est plus limitée par le Temps. C'est la naissance de la conscience humaine.

Étant donné la constitution expérimentale de l'Univers, chacun peut se rendre compte de la nature des efforts à réaliser par cette Conscience qui vient de naître. À ce moment, il est évident que la Conscience humaine ignore ses possibilités. Par analogie, l'on peut la comparer à la naissance de l'être vivant. Les premiers tourbillons de substance cosmique, qui ont acquis la vie, vont utiliser cette vie pour augmenter leur énergie personnelle et gagner peu à peu cet état intermédiaire du Cosmos, où une nouvelle naissance les attend. Cet éveil est pour l'animal une sorte d'illumination. Sans en comprendre les caractéristiques, il prend conscience d'être une Unité. Il se sent Un au milieu de l'énergie ambiante. Il est devenu une Individualité humaine.

Si vous avez compris le mécanisme extrêmement simple de notre Univers, vous pouvez dès maintenant discerner cette seconde partie de l'évolution qui nous concerne tous. L'être vivant, devenu une Unité consciente, va travailler maintenant à vaincre l'espace qui le sépare de l'autre extrémité du Cosmos. Jusqu'ici la force centripète avait une prépondérance. Maintenant c'est la force centrifuge qui va faire rayonner l'énergie humaine, et cette extension va se continuer progressivement jusqu'à l'extrémité force de la substance. L'équilibre, jusque là intérieur, central, va se transformer en équilibre extérieur, périphérique. C'est facile à comprendre. Aux états centrifuges, aux plans, aux dimensions, aux densités de la seconde partie du Cosmos, correspondent les états centripètes, les plans, les dimensions, les densités de la première partie. En rayonnant une énergie extérieure, l'être humain féconde les états antérieurs qu'il a déjà vécus, comme entité animale. À mesure qu'il avance vers le côté Force, son rayonnement descend vers le côté Matière, dont il apprend à discerner les caractéristiques. Ce discernement de son Passé donne à la Conscience humaine, la connaissance des Causes et des Principes qui vont devenir les seuls aliments lui permettant de vivre dans l'atmosphère des Mondes supérieurs. En devenant capable de trouver sa nourriture dans une substance plus raréfiée, la Conscience atteint bientôt l'extrémité Force. Elle a vaincu l'Espace. Le nouvel équilibre qui en résulte lui donne une neutralité semblable à la Vie, dont elle épouse les caractéristiques. La Conscience Unité devient Multiplicité et s'évade de l'Univers cosmique où elle est née.

Dans ce schéma de l'évolution, un fait très important pour tout le monde est à retenir. C'est que l'être humain n'a plus «aucun intérêt» à être égoïste. Au contraire, l'égoïsme, la centralisation l'empêchent de prendre conscience, de discerner les causes et les principes qui vont devenir sa seule nourriture dans les Mondes supérieurs. L'égoisme le retient dans des couches inférieures. Il entrave le rayonnement de l'énergie vers le côté Matière. Il forme obstacle au dépouillement indispensable à l'évolution de l'être humain vers la liberté, vers le côté Force de la substance. L'être humain n'a plus à s'occuper de l'égoisme parce qu'il est indépendant du facteur Temps. Il n'est plus dans le même cycle. Pour vaincre ce temps, l'être vivant a dû accumuler autour de lui la plus grande somme possible d'énergie. Pour devenir le maître de l'Espace, il va falloir que l'être humain se décentralise, en restituant à la nature l'énergie qu'il lui avait empruntée. Le temps destructeur cherche en quelque sorte à arracher, à dissocier les formes de l'énergie. L'être vivant attire à lui, centralise, resserre et, avec l'aide de la force centripète, tient le temps en échec par une attraction constante, égoïste, vers sa personnalité centrale. L'équilibre acquis lui rend donc sa liberté.

Ayant passé par toutes les formes de la vie, l'être humain va examiner ces formes, à l'aide des facultés nouvelles qui vont se développer avec l'usage de la pensée. En prenant conscience des Causes phénoménales, il se débarrasse des formes de la substance. Celles-ci l'intéressent moins puisqu'il se sent capable de les reproduire à volonté, en mettant en œuvre les Causes qui y président.

En localisant ses affections sur des Principes embrassant un nombre de phénomènes plus considérable, l'être humain échappe peu à peu au mouvement général, maintenant en équilibre les atomes de notre système de Mondes. Il se débarrasse progressivement des attractions qui l'obligent à graviter à «l'intérieur» de ce système énergétique. Sa géodésique se rapproche de la vitesse de l'Univers où il vit. Et bientôt il parvient au point de tangence de son système planétaire avec l'Infini. En se décentralisant, il a vaincu l'Espace et n'est plus soumis à aucune des obligations limitant les formes vivantes de l'Univers dont il vient de s'évader.

UNE ÉCLAIRCIE SUR LA FORMATION DE L'UNIVERS

D'après ce qui précède, l'on peut essayer de remonter aux Causes probables sur lesquelles repose l'existence de notre Univers.

L'esprit clairvoyant pourra échafauder un système de forces, en se rappelant des principes fondamentaux de l'expérience. Dans le mouvement universel, chaque déséquilibre de l'énergie est compensé par un équilibre de forces sous un autre aspect. De sorte que pas un atome ne se retranche ni ne s'ajoute, il y a seulement transformation d'énergie sous un autre état.

En pratique, il faut se souvenir que lorsqu'une forme de l'énergie monte, il en descend une de même valeur. Et lorsque la conjonction est réalisée, une double expansion jaillit du point d'équilibre. L'évolution de ce point continue donc d'une façon inverse. Et les mobiles changent de sens avec le nouveau cycle. Plus tard nous reverrons en détail ces notions intéressantes, bases de toute formation cosmique.

Pour l'instant, je veux seulement vous donner quelques résultats d'expériences spéciales, qui placent le problème de la formation des Mondes et des Univers sur un nouveau terrain.

Je vous ai déjà relaté cette expérience fondamentale, la plus importante peut-être, en tout cas l'une des plus claires et des plus conscientes que j'ai réalisées dans les Mondes supérieurs. Je veux parler de l'état synthétique d'Unité Multiplicité consciente, dans lequel je suis parvenu, pour un instant, à me localiser en toute connaissance de cause.

Dans cet état, l'être humain est un dieu. Dans l'ambiance fécondée de son Amour, sa vie est partout et nulle part. L'espace dans lequel rayonne cette Énergie sans forme divinisée est imprégné de sa vie. Pas un atome ne peut être influencé, pas une vibration ne peut s'y produire sans qu'immédiatement Il en soit averti. L'Énergie conscience Unité Multiplicité de ce système rappelle difficilement les maigres pouvoirs terrestres de l'être humain. Il n'y a pas de comparaison possible. Je ne répéterai jamais assez que l'on se sent en entier dans chaque atome, avec la même mesure que dans l'ensemble. Que l'on agisse partout à la fois ou dans un point donné de cet espace sphérique, c'est toujours avec une impulsion de l'être tout entier.

La conscience humaine s'est transformée en une Énergie stable, sereine, indéséquilibrable, douée d'une immense capacité d'attraction, susceptible de produire le mouvement dans une espace considérable, sans que l'Énergie intrinsèque de cette Conscience soit augmentée ou diminuée d'un iota.

Omniscience, Omnipotence, Omniprésence se résument dans une seule Conscience universalisée de Vie et d'Amour. Tous les pouvoirs sont contenus dans une seule capacité universalisée d'éveiller et de féconder l'énergie latente au sein du silence éternel de l'Espace sans borne.

Considérons maintenant quelques caractéristiques de la substance vierge, en dehors de notre système d'Évolution.

Plusieurs expériences m'ont mis en présence d'une atmosphère différant complètement des propriétés ordinaires de notre substance d'Univers.

Cette nouvelle substance avait comme propriété essentielle une sorte d'inertie mécanique. Dans les éthers successifs de notre Univers, la substance répond avec une intensité variable à nos vibrations personnelles. Nous sentons par des milliers de liens que notre système oscillant communique avec l'atmosphère des Mondes supérieurs.

La substance primitive dans laquelle je me suis dédoublé ne présente aucune liaison de ce genre. Pensée, désir, volonté, aucune attraction n'agit sur elle et réciproquement, cette matière n'exerce sur nous aucune radioactivité.

Vue sous un grand volume, cette matière a la couleur de l'ébonite fraîchement coupée. Elle ne vibre pas. Elle ne possède aucune élasticité. Alors que dans notre système la radioactivité de la substance augmente la joie de vivre et de sentir, ici l'on ne ressent rien, l'on n'éprouve aucune sensation. Suivant la densité de cette substance, l'on a l'impression de se trouver devant un mur épais ou dans un voile plus ténu, moins sombre. De toute façon, pour y pénétrer, il faut faire un effort mécanique. Les bras étendus, il faut écarter cette substance de chaque côté pour s'y frayer un passage et l'on a la sensation matérielle de remuer une « mélasse qui ne colle pas ». Dans une atmosphère moins dense, il suffit de faire les gestes opposés pour l'enrouler autour de soi, à la façon d'un manteau.

Cette substance sans cohésion m'a toujours surpris. Dédoublé dans cette sorte d'atmosphère, l'on se sent livré à ses propres forces. La pensée, le raisonnement, la conscience sont lucides, mais ils n'ont pas cette sensibilité que l'on éprouve dans les degrés les plus inférieurs de notre éther cosmique.

Plongé dans cette sorte de mélasse, que je manipulais comme un objet quelconque, je comparais ses caractéristiques si différentes de celles des Mondes de notre système d'Évolution et je lui opposais par la pensée la douceur vibrante, la délicatesse, la sensibilité des ondes extra-sensibles de la substance astrale.

L'existence d'une substance aussi matérielle m'a amené à supposer qu'elle pourrait bien représenter la matière force à son origine.

Admettons un instant que cette matière non oscillante, cette atmosphère couleur ébonite, ce voile de substance sans liaison soient l'état normal, l'état vierge de la matière sans forme dans l'infini.

Mettons-la en présence des prérogatives de la Conscience Unité Multiplicité. Et dites-moi quel est celui d'entre vous qui ne serait pas tenté de rapprocher ces deux résultats de l'expérience?

Avec les facultés extraordinaires acquises par évolution, quel est le Surhomme qui n'essaierait pas d'assouplir cette substance, de la travailler, de la malaxer, de chercher par tous les moyens à lui communiquer sa propre énergie de façon à la rendre capable de répondre à une «excitation».

En comme, n'est-ce pas là le principe même de la formation de l'Univers? Assouplir suffisamment la matière pour transformer une énergie mécanique en force électromagnétique, par exemple en faire jaillir la vie par l'équilibre des forces mises en action. Permettre à la vie d'utiliser cette substance au moyen des affinités en présence. Enfin, en extraire la Conscience des manifestations et de leurs causes phénoménales.

Pour l'instant, je n'insisterai pas davantage sur le mystère de nos origines. Je tenais à vous mettre en présence de ces deux Principes opposés. L'un doué d'une vie consciente, avec des pouvoirs universalisés, en dehors du Temps et de l'Espace. L'autre, énergie latente, illimitée, sommeillant au sein de l'Éternité. Que le premier agisse sur le second, et tout un système de forces prend naissance avec cette première vague de vie universalisée.

Dans notre système de Mondes, tout se passe comme si l'ordre de choses qui y règne obéissait à un Plan, à un Schéma d'action générale.

Ce Schéma, ce plan d'évolution semble rattaché lui-même à d'autres plans évolutifs déjà terminés et ayant pour but de préparer les éléments de Nouveaux Mondes qui ne seront, eux aussi, qu'un des multiples aspects de l'Ordre Universel.

LE PRINCIPE UTILE ET FONDAMENTAL
DE LA VIE HUMAINE

Les renseignements puisés dans l'atmosphère même de notre système d'Univers nous permettent de mettre en valeur le point fondamental de notre existence.

L'assouplissement de la matière-force dans les différentes densités de l'éther, sous la pression de l'énergie universelle, permet à l'être humain d'exercer de plus grands pouvoirs avec une dépense moindre d'énergie, dans un temps plus réduit.

Son évolution, c'est-à-dire ses moulages successifs dans la matière, n'a pour but que de lui faciliter cet apprentissage.

L'attraction est la forme universelle de l'énergie réduite à sa plus simple expression, dans les Mondes et les Univers.

Considérée dans l'infini, l'attraction n'a pas de sens. Qu'un atome soit attiré vers le centre ou la périphérie d'un champ magnétique, cela ne change rien à sa valeur absolue.

Dans un système limité, l'attraction prend une valeur relative par rapport au point considéré. Il est facile de se rendre compte que l'attraction, observée d'un centre sphérique de rayonnement, sera nommée répulsion si elle se dirige vers la surface et réciproquement. Le mot répulsion est relatif à la position de l'observateur.

Pour se différencier de la masse, un couple d'énergie est obligé de résister au double courant d'équilibre et de déséquilibre, provoqué par le déplacement d'un point vers un autre.

Pour cela, il centralisera, il se grossira de toutes les oscillations de même rythme, de même période. L'être vivant n'est pas autre chose qu'un système d'énergie ayant réussi à grouper une quantité d'accords suffisants pour se maintenir en équilibre dans le Temps.

Si vous voulez bien réfléchir à nos observations précédentes, vous remarquerez que le Temps représente l'action de la force centrifuge dans le côté matière de la substance. En résistant progressivement à cette action, l'être vivant parvient à s'alimenter dans la substance où les deux forces centripète et centrifuge, se font équilibre dans la même proportion de matière et de force. L'on dit que le facteur temps est vaincu, et le facteur espace que l'être humain va apprendre à maîtriser n'est autre chose que l'action de la force centripète qui s'étend de ce point d'équilibre central à l'extrémité force de la substance.

Le Temps et l'Espace ne sont donc, en somme, que les aspects de l'Attraction universelle en action dans ses deux modalités, centrifuge et centripète.

En réalité pure, l'espace infini est représenté par l'atome matériel le plus infime, et le temps infini par la force la plus puissante. Les deux se font équilibre. Les expressions temps et espace ne sont donc pas capables de définir l'état de la Conscience humaine au sein de l'Éternité, car le Temps Espace dans lequel elle se trouve n'est, en réalité, qu'un Point du mouvement universel en équilibre. C'est un Centre attractif sans dimension, dont la pression intérieure équilibre la pression extérieure sans grandeur et sans durée.

Puisque l'attraction est le pivot fondamental, le battement éternel de l'Énergie sans forme palpitant au sein de l'Éternel Présent, il est normal que les observations faites aux confins de notre Monde confirment ce Principe.

Après avoir enregistré toutes les attractions du système d'Univers où il évolue, l'être vivant, devenu être humain, doit se débarrasser de toutes les formes pour conserver seulement une « équation personnelle ».

Rester sans désir, sans pensée, sans affection est une mauvaise solution du problème.

L'expérience démontre la nécessité d'unifier désirs, pensées et actes vers un même point de vue, dirigé avec amour vers un ordre de choses plus parfait.

Quel que soit le développement d'un individu, ce principe est applicable pour tous.

La forme d'énergie à utiliser est la pensée consciente, doublée d'une affection progressive envers les formes du Bien, du Beau et du Vrai. Ces formes s'unifient peu à peu dans des états de conscience plus réduits. Elles perdent leur support matériel et se localisent dans une même Utilité consciente, faite d'un Amour universalisé.

Si nous considérons le côté vraiment pratique de l'existence réelle de l'être humain, si nous décidons, une fois pour toutes, de faire ressortir le principe même de son existence, l'énergie intrinsèque qui l'anime, c'est dans cette attraction générale des Principes du Monde qu'il faut puiser.

Pour moi, qui ai pu apprécier la perfection de cet ordre de choses dans l'état d'Unité Multiplicité, c'est une certitude indiscutable. La conjonction de l'Universel et du Particulier donne à la Conscience humaine toutes les prérogatives les plus parfaites que l'on puisse imaginer.

L'idée d'une divinité régissant le ciel et la terre s'explique aisément. En imaginant les possibilités de leurs dieux, les hommes ont eu simplement l'intuition de leur destinée personnelle.

Quelles que soient les opinions et les croyances de chacun, l'expérience permet d'affirmer, sans aucun doute, la réalité certaine d'un même Principe universel, fondamental d'attraction unissant les hommes entre eux et avec l'Univers.

Pour que l'être humain devienne un Centre de vie indépendant de toute formation cosmique et puisse participer consciemment à la réalisation des lois de l'Univers, il faut qu'il se localise dans les rapports qui les constituent.

Les rapports de l'Ordre universel s'exerçant à la fois sur le Passé et l'Avenir, dans un présent inaccessible à nos mesures, il est inutile pour l'instant de s'encombrer de définitions. Il est préférable que chacun s'assimile peu à peu des états de conscience plus étendus, plus profonds, en mettant en œuvre le Principe d'attraction qui est lui.

Sous différents noms, ce principe exerce son activité dans tous les degrés de l'évolution. Qu'il soit affinité, instinct, désir, sentiment, idéal, il permet à la Conscience de s'alimenter d'une façon plus abstraite. Pour mieux concevoir cette abstraction, au lieu de considérer l'espace qui s'étend vers l'horizon, voyez au contraire l'étendue se concentrer vers vous. Cette étendue n'a pas de limite puisqu'elle vient de l'infini. À mesure que vous condensez votre énergie en un point plus réduit, vous augmentez donc le rapport entre l'infiniment grand et l'infiniment petit et cela suffit pour vous donner accès aux directives du Monde.

En vous débarrassant de toutes les formes qui encombrent votre mentalité, en ramenant vos motifs d'action sur un seul point de vue, vous réduisez l'espace que vous occupez à sa plus simple expression.

Cette condensation vous débarrasse de la substance matière. Elle vous permet de localiser toutes vos facultés conscientes en un point de Force inaccessible aux courants cosmiques. Elle vous conduit inévitablement, fatalement, au Présent éternel, sans limitation de Temps ni d'Espace, et à la Conscience de l'Ordre universel. Cette certitude absolue qu'il est possible d'acquérir par l'expérience de dédoublement personnel dans la densité variable de la substance est une nécessité mécanique de l'Univers, à laquelle tout le monde est obligé de se soumettre. Il est matériellement impossible de changer d'état, de dimension, sans quitter les atomes plus lourds de la substance dans laquelle on se trouve.

Lorsque l'on vit dans la substance terrestre, l'on ne peut connaître les autres mondes que par dédoublement provisoire ou par la mort définitive qui vous donne toute liberté d'action. La loi est la même pour tous les mondes de l'invisible. L'on ne peut gagner un état supérieur qu'en se débarrassant des atomes les plus lourds. Se débarrasser des atomes encombrants, c'est quitter des affections, pour les remplacer par d'autres plus élevées. D'où l'on tire deux procédés de l'évolution qui se complètent mutuellement. Le premier consiste à maîtriser ses tendances inférieures. Le second demande une localisation progressive de la conscience dans un ordre de sentiments plus élevés.

Pour généraliser cette nécessité mécanique de l'Univers dans une expression abordable à toutes les mentalités, l'on dira que chacun doit s'attacher à discerner sans cesse un ordre de choses supérieur à celui dans lequel il a l'habitude de vivre. Mieux encore, il faut chercher à se débarrasser de ses affections plus élevées. Et cela sans arrêt. Dès que les motifs d'action ont changé de valeur, l'on doit aussitôt en envisager de plus parfaits.

La pratique de cet amour supérieur aboutit à des résultats sans comparaison avec l'effort nécessaire à sa mise en œuvre. Dans cette évolution, il n'y a pas de privilégié. Quelle que soit sa situation sociale, la loi est à la disposition de tous. Il suffit d'aimer un peu plus chaque jour.

Aimer la nature dans ses productions, dans sa beauté, dans son harmonie vous rapprochera un peu plus de la perfection.

Aimer la vie dans le mécanisme que nous venons d'exposer, aimer cette justice grandiose qui donne à chacun dans la proportion de son attachement aux lois de l'Harmonie, de l'Ordre universel vous élèvera vers les Mondes supérieurs.

Aimer l'Humanité dans la douceur de la communion spirituelle, dans la joie de s'aider réciproquement, dans le bonheur de participer ensemble à l'œuvre éternelle de la formation des Mondes et des Univers vous rapprochera du but de l'Évolution.

Dites-vous bien que nous ne sommes plus en ce moment dans le calcul des probabilités. Toutes les opinions des hommes ne changeront rien à la valeur de cette certitude expérimentale. Les esprits faibles qui se laisseront suggestionner par des arguments scientifiques, philosophiques ou religieux, augmenteront seulement leurs souffrances et diminueront leur chance de bonheur.

Regardez en arrière. Constatez enfin la façon abominable dont on vous exploite matériellement, moralement et intellectuellement et décidez, une fois pour toutes, de vaincre la routine et les préjugés de la société. Croyez-moi, vous ne regretterez pas d'avoir eu un moment d'énergie. Au lieu d'aggraver vos souffrances en maudissant la destinée, vous allez créer une ambiance de paix favorable à vos désirs, si vous vous décidez enfin à aimer un peu plus chaque jour, cette Harmonie spirituelle dans laquelle et pour laquelle nous vivons.

CARACTÉRISTIQUES DES ATTRACTIONS OBSERVÉES DANS L'INVISIBLE

L'on démontre, en physique, que si l'on déplace un circuit métallique dans le champ magnétique d'un aimant ou d'un électroaimant, l'on obtient, dans ce circuit, la formation d'un courant électrique.

Réciproquement, le passage du courant électrique dans un conducteur détermine le rayonnement d'un champ magnétique, lignes de moindre résistance par rapport aux autres formes de l'énergie circulant dans l'atmosphère.

Dans la substance des autres mondes, le principe de cette loi devient d'une importance capitale. Non seulement le déplacement d'un point ou d'un système de forces détermine un rayonnement énergétique, mais encore tous les atomes sont le siège d'oscillations dépendant de leur nature particulière.

En réalité, nous sommes donc dans un champ d'influences multiples, régies par la loi de Cause et d'Effet, dans des conditions qu'il reste à déterminer.

Dans tous les cas, il est un fait certain. C'est que le système oscillant utilisé par la conscience humaine, dans son transport à travers l'espace de notre système d'Univers, est un merveilleux détecteur. Extrêmement sensible à l'influence de la volonté, il sélectionne automatiquement les formes d'énergie auxquelles nous sommes habitués.

Suivant ces affections, chacun de nous, placé dans l'invisible, va donc tirer d'une façon mécanique les éléments qu'il préfère.

Pour faire de bonnes observations expérimentales, il est donc indispensable de se débarrasser des affections personnelles et de localiser sa conscience dans les Principes de l'Ordre universel. C'est cette seule condition qu'il est possible d'obtenir des renseignements généraux sur les qualités attractives des formes et des êtres vivants, par rapport à la perfection totale de l'Univers.

À mesure que l'on se rapproche de l'atmosphère des Plans supérieurs, la sensibilité de la Conscience s'accentue. Les nuances attractives avec lesquelles cette conscience est familiarisée augmentent de valeur, d'intensité. L'atmosphère semble imprégnée des qualités les plus élevées et les plus parfaites. Chaque atome devient une nuance spéciale de l'Harmonie et l'on discerne en eux un monde de réalisations qui affecte la Conscience dans ses profondeurs les plus intimes.

Voici quelques observations, prises sur le vif, c'est-à-dire en état de dédoublement conscient.

Dans l'atmosphère ordinaire, si l'on observe les formes-pensées personnelles ou collectives, l'on se sent nettement influencé par leur rayonnement. L'attention de l'observateur qui s'est placé dans les conditions que nous venons de citer est attirée d'une façon proportionnelle au caractère élevé d'utilité générale. Les vibrations qui s'en dégagent nous font admirer avec une intensité variable la part de beauté, l'exactitude d'expression, toute la diversité des nuances exprimées par l'idée. Simultanément, l'on éprouve une attraction variable suivant la perfection des formes, qui incite l'intelligence de l'observateur à prendre part à leur perfectionnement.

Lorsqu'il s'agit de formes ayant un certain degré d'évolution, comme les minéraux et les plantes, l'on est attiré vers elles avec une force correspondante à leur degré de « beauté ».

Lorsqu'il s'agit du règne animal, cette attraction se double d'une affection proportionnelle à leur degré de « bonté ».

Entre les formes créées par les pensées personnelles ou collectives et les individus des règnes minéral, végétal et animal, une particularité est à retenir.

Pour les premiers, l'intelligence seule donne quelque chose d'elle-même. Pour les seconds, ce n'est plus seulement l'émission d'une pensée, mais l'on sent une véritable déperdition de force qui s'échappe avec une intensité variable, suivant l'affection que l'on éprouve. Cette affection joyeuse qui nous relie pour un moment avec les êtres vivants que nous côtoyons est également proportionnelle au degré de « bonté » que l'on ressent à leur approche.

J'étais chargé, un jour, d'un certain travail dans la partie obscure de l'atmosphère. La différence d'impressions avec les mondes supérieurs m'a permis de noter les observations suivantes. Depuis longtemps j'avais l'habitude du dédoublement et mon double était organisé pour résister aux différentes pressions de l'énergie ambiante. La qualité de la substance n'exerçait sur moi aucune impression désagréable. Je portais toute mon attention sur le travail à accomplir et la joie que j'éprouvais était purement attractive. Dans les mondes supérieurs, cette joie est bien différente. Elle est plus délicate, plus sensible, plus raffinée. Une douceur infinie plonge la conscience dans une variété de nuances ayant chacune leurs qualités spéciales et le tout s'unifie dans un même Amour, dans une même plénitude de vie envers le Principe éternel de l'Harmonie cosmique.

Dans les mondes inférieurs, la conscience n'a d'autre objectif que le travail à réaliser. Elle porte toute son attention pour l'accomplir de la façon la plus parfaite qu'il lui est possible. J'avais également le sentiment de donner une partie de ma vie dans l'effort que j'exerçais, et j'en éprouvais une joie, un bonheur infini. Mais cette joie et ce bonheur étaient totalement distincts de l'atmosphère douce des Plans supérieurs. C'était une joie purement attractive, vitale pour ainsi dire, sans réflexe. Et c'est absolument normal avec l'amortissement rapide des oscillations dans cette partie de l'espace.

Nous allons examiner maintenant la qualité des attractions que l'on éprouve dans l'invisible envers les êtres humains.

Comme vous le savez, vue dans l'invisible, l'humanité possède un caractère bien différent de celui que nous connaissons sur terre. Le masque d'hypocrisie utilisé dans nos relations sociales n'existe plus. Il n'y a plus de sexes. Hommes ou femmes, jeunes ou vieux ne sont plus que des foyers de vie rayonnants les qualités différentes de l'énergie qu'ils ont captées dans leurs vies successives. L'on retrouve dans leur ambiance les affections, les désirs qui ont guidé leurs motifs d'action.

Lorsque ce sont des êtres que nous avons connus, les liens dominants sont ceux du genre d'affection qui nous ont unis. Le rayonnement de ces affections possède une intensité proportionnelle à leur élévation vers le Principe éternel de la vie.

Aussi, lorsque l'on s'élève vers les Mondes supérieurs, il n'y a que les affections très puissantes qui peuvent y pénétrer. Elles ne peuvent s'y localiser qu'en se dépouillant de toute vibration égoïste.

Ainsi m'est parvenue dans l'état d'Unité Multiplicité, déjà cité, une vibration d'amour. Au moment même j'étais renseigné sur son caractère, sur la personne qui l'avait émise et j'agissais dans le sens, à l'endroit, avec l'intensité exacte d'énergie réactive. Cette personne habitait la terre. Aucune expression ne peut rendre la douceur infinie avec laquelle j'écartai la partie égoïste de ce profond amour, qui me parvenait comme un obstacle à l'extension de mon rayonnement dans l'espace.

Une remarque très importante pour tout le monde s'en dégage. Si vous voulez être unis véritablement, éternellement avec ceux que vous aimez, il faut vibrer en synchronisme avec eux, sur tous les plans, dans tous les modes d'activité. Plus la communion de pensées, de désirs, sera intime et moins grande sera la séparation. Je n'insiste pas sur la fausse amitié du siècle. Les faibles liens contractés par l'habitude s'amortissent rapidement et n'ont pas d'influence dans les mondes supérieurs.

L'échelle affective est nombreuse, voici à ce sujet quelques observations.

À plusieurs reprises je suis allé rendre visite à un ancien camarade de régiment, mort à la guerre. Il m'a raconté ses impressions, je lui ai rappelé notre bonne affection et je comparais son état avec le mien. Je lui faisais ressortir la satisfaction que j'éprouvais à être ainsi près de lui, conscient de mon double état de vie terrestre et astrale, et je lui faisais remarquer cet aboutissement fatal de mes études, dont je lui avais parlé au régiment à maintes reprises. De son côté, il réclama mon aide plusieurs fois, en vue d'aider d'autres camarades dont j'ignorais la mort. Je l'ai fait d'ailleurs avec joie, en lui sachant gré de cette bonne pensée.

La qualité de ces attractions possède les caractères d'une véritable fraternité, faite de franchise et d'aide réciproque, sans arrière-pensée égoïste. Chacun reste lui-même, en donnant à l'autre ce qu'il peut, dans la mesure de ses forces et de ses moyens. Au plaisir intime de se retrouver se mélange une liaison affectueuse. L'un explique ce qu'il a vu, demande des explications, l'autre donne ce qu'il sait, ce qu'il a appris. C'est un échange de pensées sympathiques, ne dépassant pas le caractère particulier du plan où l'on se trouve. Ceci est d'ailleurs une vérité de La Palice. Si un ami, un parent, était capable de prendre conscience des caractéristiques d'une vie plus haute, cette analyse rentrerait dans une autre catégorie concernant les états quintessenciés de l'espace.

Lorsqu'il s'agit d'un parent, les nuances affectives que nous venons d'analyser se compliquent des sentiments de reconnaissance et de dévouement.

J'ai visité plusieurs fois mon père mort avant que je commence l'étude de la vie invisible et j'ai toujours observé des particularités se distinguant nettement des autres formes d'affection.

Dans la piété filiale règne une joie affectueuse qui est un don de soi-même. L'on sent que l'on est prêt à donner davantage pour éviter de la peine. Cet amour semble composé de milliers d'attaches formées par les souvenirs de nos existences déjà passées avec eux et surtout des sentiments véritables dont nos parents ont fait preuve à notre égard.

De ces observations se dégage une leçon. Celle d'aimer nos enfants pour eux-mêmes. Les enfants ne sont pas des jouets destinés à nous distraire et sur lesquels nous avons tous les droits. Quel que soit le titre, parent, guide, protecteur ou maître, d'un être humain visible ou invisible, ses efforts essentiels consistent à unir les éléments de l'âme humaine qui lui est confiée, à une forme spéciale. Que cette forme soit composée d'éléments terrestres ou de la substance de l'éther, elle doit permettre à son occupant de mettre en œuvre les qualités spéciales de l'énergie du plan où il se trouve.

Sur terre, notre devoir s'impose : donner à nos enfants le maximum de connaissances leur permettant d'utiliser leurs forces dans les meilleures conditions, pour obtenir le plus grand résultat.

Simultanément, leur apprendre le caractère essentiel de l'Énergie universelle, afin qu'ils puissent se détacher peu à peu des formes conventionnelles de notre Société et localiser leurs affections dans les principes indestructibles de l'Évolution.

Ce doux travail d'initiation donne aux parents et aux enfants l'occasion de contracter des liens d'affection réciproque et prépare les âmes humaines à leur communion future dans l'harmonie des Mondes supérieurs.

EXPÉRIENCE SUR LA FUSION DES ÂMES SŒURS

Autant que j'aie pu m'en rendre compte, la conscience humaine possède une double nature masculine et féminine, lui permettant de stabiliser son énergie en dehors de l'Espace Temps de notre système d'Univers.

En dehors de son caractère évolutif, la séparativité des sexes remonte à des causes fondamentales sur lesquelles nous n'avons pas de certitude.

Mes observations expérimentales faites sur ce sujet m'ont démontré l'existence d'affinités spéciales entre deux Consciences, l'une à tendances féminines, l'autre à tendances masculines. Par évolution, ces tendances s'équilibrent chez le même individu, et c'est à ce moment que paraît avoir lieu l'union des Âmes sœurs.

En dehors de cette union, de cette Dualité, destinée à former un système ternaire, vivant d'une réalité éternelle, il s'exerce entre toutes les Âmes, ou plutôt entre toutes les consciences, une communion intime, dont je tiens à vous citer les caractéristiques essentielles.

Dans une essence suffisamment subtile pour discerner les détails que je vous présente, j'ai observé et analysé les attractions suscitées en moi par la présence d'un Ami dont j'ai fait la connaissance dans l'invisible. La complexité de ces attractions est tellement différente de nos conceptions terrestres que j'ai été un certain temps avant d'habituer ma conscience inférieure à enregistrer ces accords.

Aussi nettement qu'un objet matériel, j'ai constaté une quadruple expression d'affections, formée par un double caractère de fraternité consciente entre les parties masculines et féminines de deux Âmes, et une double affinité également consciente entre la partie masculine d'une Âme et la fraction féminine de l'autre.

D'une part, je me sentais protégé par la tendresse d'un grand frère aimant, tandis que, d'un autre côté, j'avais la sensation d'être le protecteur tendre et dévoué d'une Âme délicate et sensible. En même temps, je ressentais dans mon être intime la pénétration infiniment suave de la partie féminine de cette Âme, tandis que je livrais avec bonheur et délice la fraction correspondante de mon être dans l'Âme de mon Ami.

Le tout se synthétisait dans un amour profond et réciproque, imprégné d'un caractère éternel de dévouement sans limites.

Cette quadruple communion des Âmes est celle qui attend tous les Êtres humains à la fin de leur évolution. Il est inutile que j'insiste sur la difficulté d'exprimer une telle complexité de nuances qui varient avec chacun d'entre nous. La description, le schéma général reste vrai, mais l'équation personnelle donne à cette communion spirituelle une intensité, un éclat, une profondeur, une variété impossible à exprimer par des mots. Les expressions terrestres limiteront toujours la plénitude de vie des Mondes supérieurs, faute d'éléments de comparaison.

Seules des symphonies musicales, d'une douceur inouïe, pourraient essayer de rendre ces expressions, et encore nous n'obtiendrions que des résultats grossiers en comparaison de cette réalité vivante, du monde divin.

En dehors de cette communion des Consciences, qui est l'un des plus beaux triomphes de l'Évolution, l'union des Âmes sœurs est un fait particulier à chacun.

Les résultats de l'expérience se comportent comme si, à l'origine de notre destinée, deux cellules ou deux systèmes oscillants, si vous préférez, avaient été fécondés par les aspects opposés d'un même Principe. Progressant séparément, ils se rejoindraient pour ne former qu'une seule Unité à la fin de l'Évolution.

Cette union des Âmes sœurs se traduit sur les Plans supérieurs, par un état d'Unité Multiplicité que l'on peut définir sans crainte de se tromper par les Principes généraux : Lumière et Intelligence, Amour et Don de Soi. Tant que ces principes ne sont pas arrivés à leur degré de perfection cosmique, la séparativité existe.

Voici les circonstances dans lesquelles j'ai pu effectuer ces observations intéressantes (je n'insiste pas sur le caractère privé de ces expériences. Je compte sur la loyauté de chacun, pour comprendre que je leur expose ces faits à titre fraternel et dans le seul but de démontrer que je n'invente rien, que je n'avance aucun détail sans l'avoir contrôlé consciencieusement, en toute certitude et en toute liberté d'esprit).

J'ai utilisé mes facultés de voyage dans la quatrième dimension pour visiter périodiquement une jeune fille qui est devenue ma femme. Après nous être rencontrés trois ou quatre fois sur terre, les circonstances nous ont éloignés à plusieurs milliers de kilomètres l'un de l'autre. C'est alors que, sans connaître la ville ni la maison où elle habitait, j'allais la voir chaque nuit par dédoublement personnel et c'est dans cet état que nous nous sommes fiancés. Ces dédoublements à longue distance m'ont été d'une réelle utilité. Ils m'ont permis de faire des quantités d'observations sur la nature du temps et de l'espace, sur la mise en activité de l'énergie personnelle, sur les obstacles de toute nature. Ma fiancée me confirmait par lettre l'exactitude des détails que je lui écrivais.

Lorsque j'étais près d'elle, mes impressions se traduisaient par un profond amour, composé de dévouement fraternel et d'une attraction générale de toutes les molécules de mon double.

De son côté, ma fiancée ressentait ma présence et me parlait mentalement, sans me voir. Quel que soit l'endroit où elle se trouvait, quelle que soit la nature de ses occupations, elle avait immédiatement la sensation que j'étais près d'elle et si elle ne pouvait se déranger, elle me disait mentalement de revenir dans un instant.

Nos rendez-vous avaient lieu dans sa chambre. Elle avait la sensation physique de se trouver près d'un foyer d'énergie dont elle recevait constamment des vagues fluidiques très intenses. Elle percevait ma pensée, aussi facilement que je recevais la sienne. Dans cette situation, il n'y a d'autre différence entre la pensée et la parole qu'une plus grande facilité et une plus grande rapidité pour s'exprimer. L'on traduit nettement et sans ambiguïté ses états de conscience et c'est avec une douceur et une délicatesse d'expressions inconnues sur terre que nous nous sommes déclaré mutuellement notre amour!

Plus tard, lorsque nous fûmes mariés, il nous est arrivé à maintes reprises de voler ensemble dans l'Espace, avec une douceur de sensations impossibles à décrire.

Lorsque je me dédouble dans la chambre, j'ai l'habitude d'embrasser ma femme avant de continuer mes expériences. Un jour que j'étais ainsi extériorisé, elle me dit: «Reste près de moi!». Viens plutôt, lui répondis-je, et, se dégageant immédiatement de sa forme physique, elle vint me rejoindre. Nous allâmes nous asseoir sur un canapé placé à quelques pas et je lui fis part de la nature des impressions qu'il est possible d'éprouver dans cet état second. En l'embrassant, je lui faisais remarquer le déluge des sensations qui s'ensuivait. Son amour me pénétrait sous la sensation d'une chaleur générale, en même temps qu'un sentiment de confiance inondait mon esprit. D'autre part, mon ambiance radioactive pénétrait la sienne et j'avais exactement la sensation de me fondre en elle. L'intensité des vibrations était telle, que j'en éprouvais une sorte d'étourdissement. Je sentais nettement qu'en poussant l'expérience à fond, l'acuité des oscillations me ferait perdre conscience.

J'étais cependant désireux d'approfondir l'étude de ce phénomène afin de me rendre compte exactement du degré d'union spirituelle qu'il est possible de réaliser.

J'ai reçu toute satisfaction à cet égard.

Dans l'une de ces expériences, j'ai noté les observations suivantes :

Je désirais unir ma forme psychique à celle de ma femme, pour en observer les effets physiologiques et psychologiques. Dans l'atmosphère où nous étions dédoublés, je vis nos doubles matériels unis sous la forme d'un nuage. Assez épais au début, le nuage que nous formions s'éclaircissait à mesure que nos doubles se pénétraient plus intimement. La transparence s'accentua et bientôt nous n'étions plus qu'une vapeur à peine visible.

Les sensations psychologiques de cet état furent vraiment extraordinaires.

À mesure que le nuage se clarifiait, j'avais exactement l'impression de retirer chaque fois une série de vêtements et de m'unir plus intimement à ma femme. En même temps, je ressentais les vibrations de cet état comme un moment psychologique qui n'aurait pas eu de fin.

Les observations de cette expérience peu banale ne sont cependant pas comparables à celles qu'il m'a été donné d'expérimenter dans l'état d'Unité Multiplicité.

Cette réalisation, dont je vous ai déjà cité quelques caractéristiques, n'a pu avoir lieu, en effet, que par l'intermédiaire de ma femme avec laquelle mon Individualité consciente s'est unie pour un instant.

Les mots sont impuissants à décrire les super-sensations de cet état super-conscient. Dans aucune expérience je n'ai ressenti une conscience aussi claire, un amour aussi puissant, un calme et une sérénité aussi profonds.

C'était un océan d'amour prenant possession de son lit. Lorsque l'Individualité de ma femme s'unit à la mienne, elle ne m'apporta qu'une nuance à peine perceptible, qui se fondit dans mon amour en lui donnant une extension considérable. L'aura, l'ambiance ainsi fécondée devenait moi-même. Par l'exercice des pouvoirs attachés à cet état spirituel, toutes les facultés sont fondues dans une même Unité de vie consciente. Ce rayonnement de la Conscience, ainsi universalisée, éveillait dans chaque atome une sorte de frémissement qui augmentait la délicatesse et la douceur de l'Harmonie spirituelle dans laquelle je me trouvais fondu consciemment.

Chaque parcelle de l'ambiance invisible était moi-même, au même titre que la totalité des grains d'énergie éveillés dans mon rayonnement sphérique. Avec une facilité qui tenait du prodige, j'agissais dans l'ensemble ou dans une fraction quelconque de l'espace ainsi limité avec la même mesure, avec une intensité d'énergie réactive proportionnelle à l'action et, réciproquement, pensée, désir, conscience, amour, ne forment plus qu'une même Unité douce et sereine agissant par une impulsion générale de l'Être tout entier. La fatigue n'existe pas. Il n'y a aucune dépense d'énergie. L'action se traduit par un immense bonheur, par un amour plus profond.

Toutes ces notions d'Universalité, dans une Unité en dehors du Temps phénoménal, sont assez difficiles à comprendre pour celui qui ne les a pas expérimentées. Eh bien, cette difficulté est insignifiante si on la compare à celle que j'éprouve pour vous décrire la facilité extraordinaire avec laquelle l'on exerce ces pouvoirs presque divins.

Lorsque je pense à cette expérience extraordinaire, c'est toujours ce qui me surprend le plus. Ma conscience terrestre se demande pourquoi une différence aussi inimaginable entre la pauvreté de notre monde terrestre, les difficultés de nos moyens d'action et la richesse d'Harmonie, l'aisance prodigieuse de ces prérogatives universelles.

Je suis encore au-dessous de la vérité en disant par analogie que, dans cet état suprême, l'on se sent chez soi avec une intimité, une réalité, sans commune mesure avec tous les états divisionnaires de l'éther. Aussi profondément incrustées que soient nos habitudes terrestres, la facilité avec laquelle on les exerce n'est pas comparable avec la façon instinctive dont on manipule les directions d'un Monde.

L'on ne réfléchit pas aux constantes du passé ou de l'avenir. L'on «Est», purement et simplement, dans un Présent admirable réunissant toutes les Prérogatives les plus inimaginables, que les humains ont de tout temps attribuées à leurs dieux.

L'ATTRACTION UNIVERSALISÉE ET L'ÉQUATION PERSONNELLE DANS LES MONDES SUPÉRIEURS

À mesure que nous approchons des limites de notre Univers, dans l'aspect force de la substance, les observations deviennent plus difficiles à exprimer du fait qu'elles se généralisent.

Aussi, dans ce domaine, faut-il être très circonspect pour discerner l'équation particulière de l'Être supérieur vivant dans ces états quintessenciés de l'Univers.

Pour juger convenablement, il est utile, et je dirai même indispensable d'avoir pénétré auparavant les différentes dimensions de l'éther radio-actif. L'on peut ensuite discerner dans l'ambiance des Êtres supérieurs une nuance délicate et cependant bien réelle parmi les caractéristiques générales.

Avant de vous relater mes observations sur ce sujet important, il faut d'abord bien vous pénétrer de cette pensée, qu'en ce moment nous analysons, des « Nuances de l'Harmonie », et il serait « sacrilège » de dire que c'est un défaut de ne pas rencontrer chez tous les mêmes caractéristiques.

Ainsi, considérons l'amour de Jésus. Cet être supérieur, adoré comme un dieu, est le plus accessible de nos Frères. Par trois fois différentes, je me suis trouvé en contact avec Lui, dans un milieu où sa manifestation était possible. Décrire la multiplicité d'attractions qui se dégagent d'une telle Présence est impossible. Aucun mot ne peut dépeindre les sensations de bien-être, de calme, de paix, de bonheur, se fondant dans une immense attraction. Un flot d'Amour m'envahissait tout entier en m'animant d'une confiance sans bornes. Je ne réfléchissais pas, je ne jugeais point, je comprenais et j'aimais tout à la fois, sans qu'aucun voile ne s'interpose entre ma compréhension et l'immense affection que j'éprouvais.

Si j'analyse les caractères dominants d'un tel Amour, j'y trouve : la Douceur, la Simplicité et la Bonté.

Or, cela ne veut pas dire que les Grands Êtres de l'Espace ne sont pas doux et simples. Douceur, simplicité, bonté font partie du bagage éternel que nous devons tous acquérir. Mais ces qualités sont « exaltées » dans les autres nuances de l'harmonie composant l'amour de Jésus.

Retenez bien ce caractère d'exaltation, cette nuance dominante parmi les qualités générales de nos attractions. C'est là, le seul coefficient, la note fondamentale conservée par tous les êtres évolués parvenus à la Perfection.

L'Évolution terminée, un certain nombre de Voies s'ouvrent devant l'Être parfait. Toutes possèdent des caractères particuliers et généraux se pénétrant réciproquement avec un ordre admirable dans l'harmonie de leurs principes. Dans cette synthèse, l'on rencontre une catégorie d'Êtres sur lesquels j'attire votre attention. Ce sont les Esprits du Pur Amour. Au lieu d'être exaltée dans une nuance de l'Harmonie, leur conscience comprend toutes les modalités dans un équilibre parfait. Les Nuances multiples des Chaînes d'Harmonie, ouvertes à l'Être parfait, sont fondues en Eux d'une teinte à peine différente du Principe éternel de la Vie. Leur ordre numérique est compris dans tous les autres. Ils se distinguent suffisamment de la Conscience universelle pour ne pas s'y confondre, mais leur Amour en représente l'aspect le plus général. Par analogie, l'on peut les comparer à un cristal où chaque Être parfait verrait se refléter ses propres caractéristiques. Le pur Amour qui les anime épouse toutes les nuances attractives. Il donne sans compter et se contemple dans les variétés infinies de l'Harmonie dont Il est l'Éternel époux. Leurs travaux sont destinés à être utilisés par toutes les Chaînes d'Harmonie.

Sur un plan assez élevé, je me suis trouvé un jour en conversation avec un jeune homme sur les questions de double et voyages interplanétaires. Dans la qualité générale de Paix, de Joie intime, de Sérénité, composant son atmosphère radio-active, je distinguai cependant une note dominante de calme extraordinaire joint à une douceur caractéristique. Si je compare la douceur magnétique de cette ambiance avec celle de Jésus, j'y trouve une différence. La douceur fluidique de notre Grand Frère est en quelque sorte plus générale, plus universalisée. Celle de ce jeune homme était plus veloutée, plus tendre.

Dans les mêmes régions, je me suis approché, une autre fois d'une personne inconnue. Comme dans les cas précédents, j'étais dédoublé avec la Conscience supralucide de mon double état, et je me déplaçais autour de cette personne en observant les radiations lumineuses qui l'auréolaient de toute part. Je n'ai pas conservé la mémoire de son visage et des pensées que nous avons échangées, mais j'étais attiré par son ambiance avec une telle intensité que j'aurais voulu y rester constamment. Mon être tout entier participait à cette attraction formidable dans laquelle j'aurais voulu me fondre. J'observai cependant dans cet immense amour un dévouement sans limites. Dans les accords extrêmement élevés qui s'en dégageaient, je distinguai un tel degré de Bonté que, pour le noter sur mon cahier d'expériences, je n'ai pas trouvé d'autre qualificatif que le mot : merveilleux.

Il est évident que dans cette ambiance régnait la Douceur, le Calme, la Sérénité, la Simplicité dans leurs caractéristiques les plus parfaites. Cependant, dans cette richesse de tons généraux d'un Amour sans borne, j'ai pu distinguer, par comparaison avec mes observations précédentes, une Nuance spéciale de Bonté qui m'a accaparé d'une façon différente des autres.

Dans une autre expérience, je me promenais sur un Plan supérieur avec un Être ayant l'apparence d'un jeune homme blond. Nous échangions des idées sur l'Amour universel et particulièrement sur la Chaîne des Correspondances. Je le nommais mon Grand Frère et je l'embrassai avant de le quitter. Ses effluves magnétiques possédaient les Constantes générales de tous les Êtres supérieurs. Je les ressentais comme des ondes alternativement croissantes et décroissantes de chaleur et de bien-être inexprimable, et, lorsque je l'embrassai, j'éprouvai une joie ineffable dans laquelle j'eus l'impression de me fondre avec Lui dans un même Amour.

Là encore, dans ce parterre harmonieux d'un puissant amour, je discernai une Nuance distincte de celles que j'avais déjà observées. Cet accord spécial était celui d'un Amour fraternel exalté à un degré indéfini.

Dans cette richesse de tons, dans ces exaltations harmonieuses des constantes de l'Attraction universelle, il est impossible d'émettre une préférence. Dans l'analyse de ces taux de vibrations quintessenciées, l'on est attiré dans toutes les catégories, dans toutes les nuances, avec un même élan, dans un unique don de soi-même. Ce sont les caractères particuliers exaltés dans notre ambiance personnelle qui se conjuguent avec les équations individuelles des Êtres supérieurs et nous en font discerner les caractéristiques.

Le récit de ces synthèses harmonieuses et rythmiques de l'Attraction individualisée chez les Êtres supérieurs ne peut donner aucune conscience de leur intense réalité. Pour les apprécier, il faut avoir vécu consciemment dans l'immense liberté de ces super-dimensions de l'Espace. D'ailleurs, notre langage actuel ne possède pas suffisamment de qualificatifs pour exprimer la variété innombrable des Nuances observables de l'Éternel Amour.

Pour vous donner une idée sur la façon dont il faut concevoir ces abstractions qui résument cependant la seule Réalité de la synthèse évolutive, je suppose que vous puissiez définir les qualités particulières de l'Attraction universelle correspondant à chaque couleur, ainsi qu'à leurs nuances intermédiaires. Il faudrait répéter l'opération pour toute l'échelle des tons, comparer leurs relations avec la gamme des couleurs. Faites-en autant pour toutes les longueurs d'onde connues et... vous n'aurez pas avancé. Toutes les gammes oscillantes de l'Attraction universelle, observables dans notre Univers, ne représentant qu'une Note dans la Multiplicité indéfinie des Univers suscep-tibles de se former au sein de l'Éternité.

LE SUBLIME CONTACT AVEC L'ESSENCE DE L'ÉNERGIE UNIVERSELLE

Quoique nous touchions là aux frontières du mysticisme, j'estime qu'au siècle où nous vivons, il n'est pas inutile de préciser la façon dont on discerne à l'expérience les qualités fondamentales de l'Énergie universelle. Cette Essence attractive de toutes les formes d'Énergie localisée dans la substance donne à celui qui parvient à y situer sa Conscience, l'état de Paix par excellence.

Cette Conscience cosmique, que l'on peut qualifier de divine, faute d'expression, n'a aucun rapport avec nos idées générales sur le Bien et le Mal.

Dans le désordre actuel de nos idées à ce sujet, dans le déchaînement des passions égoïstes, dans le bouleversement social qui en résulte il est généralement impossible d'obtenir un calme suffisant pour juger comme il convient les directives générales de la Vie universelle.

Religions, Sciences et Philosophies se disputent sur des qualités extrêmes, sur des points de vue opposés, sans songer un seul instant que l'équilibre des idées particulières nécessite un juste milieu dépouillé de tout parti pris.

C'est humain. Nous avons tous passé par les alternatives des opinions extrêmes et l'on a toujours tendance à exagérer un point de vue personnel.

La place me manque pour disserter comme il convient sur la Trinité fondamentale de l'Unité. Je préfère vous renvoyer aux ouvrages spéciaux traitant ce sujet (consulter *Le Symbolisme des Nombres*, Dr R. Allendy). Si vous désirez vraiment vous libérer de toute attache avec les degrés inférieurs de la vie, il faut commencer par habituer votre conscience à raisonner sur ces canevas numériques. Peu à peu, vous prendrez conscience d'un ordre de choses dégagé de tous les attributs ajoutés par l'imagination des hommes, un nouveau schéma d'organisation vous fera comprendre le rôle joué par l'être humain dans la nature.

Je ne suis pas partisan de détruire brutalement les opinions et les croyances de chacun. Quelle que soit leur part d'erreur, elles sont relatives au caractère, au tempérament, à la personnalité de ceux qui les utilisent, donc nécessaires. Quel que soit l'Idéal à atteindre, il ne suffit pas de préconiser un Bien, il faut surtout donner les moyens de l'obtenir.

Exemple : Dans l'état actuel de la Société, comment allier un idéal moral et la nécessité de vivre parmi le déluge d'impôts qui rendent la vie impossible ? C'est extrêmement difficile. Il y a des cas où l'on ne discerne plus l'honnêteté de la malhonnêteté. Quelle que soit son apparence de bon apôtre, le conseiller moral d'aujourd'hui crève d'indigestion, pendant que l'Idéaliste crève de faim !

Lorsque l'on réfléchit, lorsque l'on pense, raisonne et médite sur les constantes de l'Harmonie exprimée dans ces pages, l'équilibre de nos facultés exige que nous n'oubliions pas la réalité terrestre. Lorsque l'on contemple l'Amour divin, il faut toujours regarder sa réalisation possible pour l'amortissement des souffrances humaines.

Aussi, un bon conseil. Lorsque vous vous trouverez en présence d'une organisation scientifique, philosophique ou religieuse, ayant pour but d'élever l'Âme humaine vers un Idéal quelconque, observez donc la part qu'elles prennent dans vos misères. Demandez-leur ce qu'elles font pour vous soulager dans vos infortunes, quelles sont les œuvres sociales qu'elles ont fondées pour vous secourir en cas de besoin ! Et si elles n'ont que des théories à vous mettre sous la dent, méfiez-vous qu'elles ne remplacent pas votre faible bonheur de la vie matérielle par une désorganisation de toutes vos espérances.

Pour celui ou celle à qui les nécessités matérielles de la vie permettent l'état de calme nécessaire à l'organisation d'un Idéal, détaché progressivement des constantes ordinaires de l'existence, les résultats obtenus sont inappréciables. L'union véritable de la Conscience humaine avec la Conscience cosmique donne à son auteur la clé du Bien et du Mal. Les œuvres seront toujours tolérantes, équilibrées, considérant la qualité intrinsèque des êtres et des choses.

Toutes les opinions, toutes les croyances, toutes les expériences dans lesquelles l'être humain apprend à discerner les constantes de la vie se fondent au sommet de l'Évolution, dans un même Amour universalisé. Nous avons vu que dans cette universalité, chacun conserve une équation personnelle qui lui donne accès à une Multiplicité de bonheurs différents, dans ses relations avec la Multitude indéfinie des Êtres régénérés.

Unité, Multiplicité, tel est le cachet de l'Absolu, sanctifiant la perfection individuelle. Cette certitude est à la portée de l'Être courageux et aimant, sans qu'il soit besoin d'affaiblir cette Réalité par des hypothèses imaginaires. Et la simplicité d'un tel état ne peut se décrire qu'à l'aide d'analyses complexes.

Si nous considérons l'état général d'Unité Multiplicité, en dehors des Nuances particulières à chacun, l'attraction universalisée que l'on définit généralement sous le nom d'amour divin, représente la qualité « Unité » animant toutes les Nuances d'attraction de chacune des Individualités humaines.

Rapide comme l'éclair, cette Unité d'Harmonie donne la sensation de se fondre dans l'Amour du Monde. Par des milliers de canaux, l'on sent, pense, réfléchit, conçoit avec une facilité prodigieuse. La Douceur, la Sérénité, le Calme de cet état sans nom sont enveloppés d'une Paix et d'une plénitude de vie, formées de sensations fondues et unifiées.

Si l'on compare ces caractéristiques à l'aide de la Conscience terrestre, l'on discerne un élan particulier fait de confiance et d'abandon. Sans éprouver précisément une sensation d'indignité, cette conscience est le siège d'un caractère de non-satisfaction, dans la clairvoyance momentanée de tout ce qu'elle aurait pu faire. Toutes les questions d'intérêt personnel, toutes les idées de joie, de paix, de bonheur même n'interviennent plus. Aussi élevée et désintéressée, soit-elle, toute forme d'ambition a disparu. La Conscience terrestre se sent portée à l'accomplissement des plus grands sacrifices, pour équilibrer le flot d'Amour qu'elle reçoit. En présence de cette immense vague d'Amour universel qui la pénètre, la Personnalité consciente de l'Individu, sait et comprend sans aucun doute qu'elle sera toujours débitrice, quels que soient ses efforts. Elle a pleinement conscience que tous les sacrifices les plus extraordinaires qu'elle pourrait accomplir, toutes les douleurs les plus intenses qu'elle pourrait supporter, n'équilibreraient pas la millionième partie des qualités fondamentales de cet Océan d'Harmonie dont elle éprouve les bienfaits.

En dehors de l'équation personnelle, je ne crois pas qu'il soit possible d'analyser la richesse des tons de l'Harmonie qui se révèle sous l'influence de cette Unité. L'intensité même du flot d'énergie réactive qui soulève l'Être dans l'expression d'une telle Attraction est inexprimable. Nous sommes en ce moment en dehors des limites de notre Univers et toute expression affaiblit le rapport que l'on veut exprimer.

Ce super-dévouement, ce super-sacrifice conscient qui envahit la Personnalité du penseur prenant contact avec son Moi Unité, peut se traduire comme l'émission d'une sorte de vague joyeuse, consciente, infiniment douce, infiniment heureuse, infiniment tendre et sereine, se rencontrant avec une autre vague paraissant provenir de l'extérieur et pénétrant ses atomes les plus intimes.

La fécondation de ce flot d'énergie personnelle par l'océan de radiations cosmiques détermine des sensations d'une délicatesse et d'une douceur inimaginables. Le contact de ces sphères d'énergie personnelle et cosmique est à la fois Unique et Multiple.

Unique par la synthèse de tous les éléments personnels se groupant dans un même abandon vers le Centre, vers l'Origine de toute Vie et de tout Amour.

Multiple par le déluge de sentiments qu'il fait naître au même instant.

Unique par la douceur expansive qui se communique à toutes les vibrations.

Multiple par le flot de désirs réactifs qu'il engendre.

Unique par le suprême bonheur d'être et de se sentir aimé avec une telle intensité.

Multiple par toutes les vagues de nuances affectives qui s'échappent de nous.

Au point de vue physiologique, le corps humain subit la réaction de cette communion spirituelle. Une douceur infinie le pénètre. Les larmes coulent naturellement. Et cette communion si douce et si pure lui donne la sensation d'une Paix profonde envahissant tous les centres de vie.

Pour analyser en toute liberté cette communion naturelle entre l'Être humain et ses Origines, cet état ne doit pas être provoqué par suggestion.

La Méditation, la Contemplation peuvent en préparer la résonance. Mais cette Union doit naître à l'improviste, dans une sorte d'illumination momentanée de la Conscience terrestre.

Détailler la Flamme mystérieuse d'une telle Conjonction, c'est vouloir en somme exprimer l'inexprimable. Mais il n'est pas mauvais que, dans un siècle où l'on dit tant de choses insignifiantes, où l'on écrit tant d'absurdités, l'on exprime une fois pour toutes quelques vérités tangibles, réelles, éternelles.

Les détails donnés par les esprits déséquilibrés qui ont voulu aborder ces questions de régénération de la Conscience individuelle dans la Conscience cosmique, sans avoir fait eux-mêmes les efforts nécessaires, ne prouvent rien contre la réalité certaine des résultats que la conscience raisonnable est capable d'obtenir.

Dans l'Essence spirituelle qui jaillit d'une telle communion, l'on sent nettement qu'il y a union entre la Source et l'Embouchure de toutes les formes d'Attraction universelle. Ce contact donne l'impression d'une éternelle Jeunesse, d'une éternelle Splendeur dans le Présent éternel d'un Amour sans fin.

L'on a la sensation d'une Évolution instantanée, sans commencement ni fin, dans une Unité, germe de toute Évolution passée et future.

Quelle que soit son expansion ou sa réduction, cet Amour immense reste Lui-même, sans grandeur et sans durée. C'est le point dont la circonférence est partout et le Centre nulle part. C'est l'origine de toutes les formes de l'Énergie universelle, c'est la synthèse de toutes les Potentialités spirituelles, c'est le Fini s'équilibrant avec l'Infini dans un Éternel Présent.

L'EXERCICE RATIONNEL DE LA CONTEMPLATION

Les tendances néantistes de la Science expérimentale donnent à tous les charlatans une puissance exceptionnelle pour exploiter la crédulité de leurs contemporains.

C'est pourquoi j'insiste sur la nécessité d'un travail personnel si l'on veut aboutir à un résultat. Dites-vous bien que les pouvoirs magiques n'existent pas. Personne ne peut vous donner une faculté durable, si vous ne lavez pas développée vous-même.

En me plaçant à ce point de vue, voici quelques détails permettant le contrôle de vos efforts.

Nous avons vu que l'Inspiration n'a pas de rapport avec l'ambiance surnaturelle dont on l'entoure généralement. C'est une méthode de travail qui se régularise et se transforme en faculté par l'habitude.

La méthode de réflexion dans laquelle on rencontre les premiers rudiments de cette faculté porte en psychisme le nom de « Méditation ».

L'exercice rationnel de la méditation doit s'exercer, comme nous l'avons dit, par la concentration de pensée sur les éléments essentiels d'une question que l'on cherche à résoudre par soi-même, comme si l'on ne possédait aucune notion sur elle. Ce n'est pas une rêverie mystique, un regard perdu dans l'infini, mais l'exercice d'une attention soutenue, volontaire et consciente. Les procédés d'analyse et de synthèse logique utilisés de cette façon donnent des résultats inespérés. La précision, la clarté, le bon sens sont indispensables si l'on veut conserver l'équilibre de ses facultés et les développer dans un mode supérieur.

Les observations effectuées dans le dédoublement personnel viennent alimenter utilement la méditation et lui permettent de travailler sur un terrain où elle obtiendra le maximum de probabilités.

Dans l'exercice de cette méditation rationnelle, la conscience se familiarise avec un nouvel ordre de vibrations et l'Inspiration qui en jaillit devient par l'habitude une faculté normale.

La contemplation est plus méconnue. Elle est cependant une suite, une conclusion fatale des exercices précédents. Envisager la contemplation comme

une adoration béate, plus ou moins inconsciente, est une erreur bien pardon-
nable à ceux qui n'ont jamais étudié ces questions. Ce n'est pas davantage
une répétition suggestive de mots, de désirs, de sentiments ou de prières.

Cet exercice mental exige au contraire l'entraînement le plus sévère et le
plus strictement rationnel. Je répète : à mesure que l'on approche du Rapport
initial du système de Causes et d'Effets dans lequel nous vivons et évoluons,
l'imagination doit céder la place à un raisonnement plus serré, à une volonté
plus froide, plus maîtresse d'elle-même.

S'il est à la portée de tout le monde de créer un ciel imaginaire et de le doter de tous les attributs que l'on désire, en revanche il faut être Initié, c'est-
à-dire rompu aux exercices de méditation consciente et de dédoublement
personnel, pour que la Conscience apprécie les Constantes de l'Harmonie
dans leur simplicité réelle.

L'exercice de la Contemplation ne doit pas être une rêverie intellectuelle,
mais la continuation, la stabilisation des exercices de méditation, la fixation
des idées obtenues par l'inspiration. Cet exercice complémentaire se pratique
ordinairement étendu sur un siège confortable, dans l'état de repos, de calme
décrit par les psychistes sous les noms d'isolement et de détente nerveuse.
Il s'agit ensuite de faire une exposition mentale claire, lucide et absolument
conscient des Motifs qui nous font agir et des Raisons qui nous font aimer
un principe d'Harmonie.

L'on commence d'abord par l'exposition d'une cause déterminante d'Effets
dont on est conscient. La gamme de ces Causes est très étendue. Elle commence par les Effets généraux que nous avons l'habitude d'observer pour
s'élever progressivement vers les principes directeurs de l'Évolution.

Il est facile de vous rendre compte que cet exercice n'a rien de mystérieux.
Il a pour but de fixer dans la conscience les directives qu'elle a atteintes. Il
serait exagéré d'en faire la base d'un système mystique. Tous les reproches
que l'on fait à la Contemplation proviennent d'un manque d'organisation
dans les méthodes de développement psychique. Alternée avec les exercices de
méditation, la Contemplation permet à l'Individualité de prendre conscience
de ses efforts. Elle ne doit pas dégénérer en rêverie sentimentale, pour le seul
plaisir d'éprouver un ordre de sensations quelconques. Cet exercice main-
tient l'attention sur les lois de l'Univers, puis sur les principes directeurs de
l'Évolution. Il ouvre ainsi à la conscience terrestre des canaux d'alimentation
avec l'Énergie des Mondes supérieurs. Il accélère les résultats de la média-
tion à la table de travail, il ouvre plus rapidement la voie de l'Inspiration.

Pour résumer, souvenez-vous que l'exercice de la Contemplation exige, comme base fondamentale : La Conscience de l'Effet dont on contemple la Cause, la Conscience de la Cause dont on contemple le Principe, la Conscience du Principe dont on contemple l'Essence spirituelle.

À mesure que la Conscience supérieure s'élève dans cette Hiérarchie, la réaction donne à la conscience inférieure une stabilité, une fixité qui la rend indépendante du résultat de ses actes. Cette progression aboutit à la Conjonction du Particulier à l'Universel, dans une rencontre simultanée des deux systèmes d'énergie. L'infinie petitesse s'unit à l'infinie grandeur. L'Être humain régénéré prend conscience de l'immense solidarité le reliant d'une part à l'Unité énergétique à laquelle il doit la vie et d'autre part à la Multiplicité des Nuances dans laquelle s'exprime cette Énergie et qui sont pour Lui l'occasion de réaliser autant de bonheurs différents.

CONCLUSIONS

CERTITUDE DE LA DÉLIVRANCE DU MAL

Devant les révélations de l'expérience, devant le fait brutal qui accapare l'être tout entier et réduit à néant ses anciennes croyances, l'on s'imagine facilement la hardiesse des pionniers de l'Humanité parvenus à la même certitude.

Imposer à tous le dogme de la survie, prouver à l'aide d'expériences éclatantes le pouvoir surnaturel qui se dégage de cette connaissance a été un des principaux moyens de convaincre les foules.

Malheureusement, la conscience humaine n'évolue pas seulement par la foi, il lui faut surtout le développement de ses facultés intellectuelles et morales. Imposer des croyances dogmatiques, c'est semer des germes de discorde, des guerres fratricides.

Le progrès scientifique a rendu sur ce point de réels services. En répandant l'usage de cette grande loi de Cause et d'Effet régissant l'Univers phénoménal, il a fait davantage pour adoucir les relations humaines que tous les arguments philosophiques.

Puisque les mêmes Causes produisent les mêmes Effets, si on les met en œuvre dans les mêmes circonstances, les opinions et les croyances changent de valeur. « L'on sait ou l'on ne sait pas. » Et, dans ce dernier cas, il est prudent de se taire si l'on ne veut pas donner aux autres l'occasion de faire des réflexions ironiques assez fondées.

Pourquoi s'entêter en effet, à répéter comme un perroquet des idées que l'on a adoptées par hasard, coïncidence, affinité instinctive ou suggestion héréditaire ?

Les philosophes scientifiques ont beau jeu lorsqu'ils argumentent sur les associations d'idées provoquées par les us et coutumes, par l'ambiance, l'éducation, l'instruction, le passé social, les germes héréditaires des parents, etc.

Tout ou presque tout a été dit sur la plupart des questions alimentant nos théories et beaucoup d'idées que l'on considère comme neuves ne sont que des sépulcres blanchis. Pour sortir de la routine et des préjugés, pour avoir des idées personnelles, originales, il faut prendre l'habitude de réfléchir, de penser. Méditer sur les constantes de la vie et en tirer des conclusions favorables à l'ordre de la nature est un excellent entraînement, à condition de ne pas se laisser influencer par les doctrines universitaires qui sont souvent un obstacle à la liberté de jugement.

Pour ramener un juste équilibre dans le désarroi de nos théories actuelles, il fallait un fait nouveau. Ce fait, comme tous les autres, doit être soumis à la grande loi de Cause et d'Effet, et chacun doit pouvoir en prendre conscience s'il le répète dans les mêmes conditions d'expérience.

C'est à ce point de vue que nous venons d'analyser quelques caractéristiques du dédoublement conscient. Se séparer en deux parties, à quelques mètres de son corps reposant d'une vie négative, en pleine possession de toutes ses facultés conscientes et sensitives, est une certitude qui renferme toutes les autres. C'est aussi une source d'idées neuves. C'est une mine de documentation. C'est le point de départ d'une vie plus grande, plus large, plus complète. C'est la fin de toutes nos misères, de tous nos tracas concernant cette douloureuse énigme de la survie.

Enfin, maintenant que nous savons, nous allons donc pouvoir vivre réellement. Ballottés jusqu'ici d'une rive à l'autre par les opinions et les croyances, tantôt satisfaits, tantôt déçus, nous passions par des alternatives de joie et de désespoir. Que de douleurs, que de souffrances cette ignorance de la survie nous a fait endurer! Que de crainte elle a fait germer en nous! Courbé sous la domination orgueilleuse des puissances du jour, l'homme s'inclinait en tremblant sous la menace perpétuelle de dieux vengeurs. À chaque pas un gouffre menaçant s'entrouvrait devant lui. Tous les jours l'arsenal de droits et de devoirs prenait de plus grandes proportions. La confusion et l'inquiétude étaient l'aboutissement fatal de cette morale instable.

Est-il vrai que tout cela ait disparu? Quelle est l'Énergie bienfaisante dont la baguette magique va nous permettre de faire table rase de toutes ces infortunes?

Malgré tout, avouons-le, c'est avec crainte que l'on va penser ces idées nouvelles. Ne vont-elles pas s'envoler au premier souffle? Trompés, déçus, bafoués, ridiculisés depuis des siècles, est-il bien vrai que ce mirage ne soit pas trompeur? Le torrent d'espoirs qui s'élève des profondeurs de notre être conscient n'ose plus se manifester. Devant l'ironie populaire, l'on n'abandonne pas facilement le masque du scepticisme. Comment oserait-on avouer l'espoir insensé que nous sentons naître?

Cette intuition qui nous étreint, cet élan de notre être intime, c'est peut-être une forme de névrose! Qui sait où commence le déséquilibre mental?

Et c'est avec circonspection que timidement d'abord l'on se risque à changer le cours de ses idées en faveur d'une vie possible en dehors des limites visibles de notre organisation terrestre. Peu à peu, l'on se familiarise. L'atmosphère radiante entraînée par la manipulation de ces idées est si douce que vraiment il faudrait être fou pour s'en désintéresser. L'on en prend l'habitude. Devant la lumière qui commence à se manifester, les inquiétudes de l'existence s'estompent. Bientôt les formes ordinaires des joies matérielles nous intéressent moins. Des satisfactions plus profondes naissent sous nos pas. La vie n'est plus un sol mouvant. Tous les jours nous le foulons d'un pas plus ferme et bientôt nos connaissances forment un roc où nous allons édifier les bases de notre Immortalité victorieuse de l'Espace.

CERTITUDE D'UN BONHEUR DURABLE

Après des périodes séculaires de doute angoissant, la certitude consciente de pouvoir créer un bonheur qui dure en dehors des objets passagers de l'existence est un bien qui n'a pas de prix.

Le bonheur est peut-être une des expressions qui renferme le plus de variétés dans ses définitions. Chacun le considère à sa façon et vraiment tout le monde a raison. Pourquoi vouloir imposer aux autres une forme de bonheur ? Le bonheur de manger à sa faim est aussi respectable que le bonheur de découvrir une loi scientifique. Il y a de grands et de petits bonheurs, de fugitifs et d'éternels, d'illusoires et de réels. Il y a des bonheurs qui se détruisent et d'autres qui se complètent. Est-ce une raison suffisante pour exalter les uns aux dépens des autres ? Je ne le crois pas. Chacun doit trouver par expérience la forme de bonheur qui lui convient. Et c'est en constatant la durée éphémère du bonheur des sens, de la contemplation des formes de la vie, que le sage s'identifie avec les Principes de l'Énergie universelle.

Il ne faut pas oublier qu'en toute chose, il y a un apprentissage. Celui de la vie est variable. Les caractères intransigeants voudront vider jusqu'au bout la coupe d'amertume de la souffrance. Les tempéraments doux et dociles chercheront à l'éviter par tous les moyens. L'être raisonnable et conscient qui cherche la vérité logique et expérimentale ne désirera ni l'amplification ni la diminution de ses douleurs, mais il profitera de l'expérience acquise pour juger, pour penser la vie.

C'est à cette catégorie de penseurs que nous songeons en parlant d'un bonheur durable et éternel.

Toutes les expressions capables de définir le bonheur n'ont de valeur que par l'expérience acquise. Si nous faisons intervenir nos nouvelles connaissances expérimentales de la vie éternelle, le bonheur est l'état normal d'équilibre des êtres vivants, quel que soit leur degré d'évolution.

Chaque être qui suit ses tendances naturelles ne peut être rendu responsable d'un état de choses qu'il n'a pas créé. Le sauvage qui dévore ses parents pour leur faire l'honneur d'une sépulture ne peut être assujetti à des formes de souffrances qui envahiraient la conscience d'un être plus développé.

Le bien et le mal croissent avec l'expansion de la conscience. Le bien résume toutes les caractéristiques d'un développement normal. Le mal est un déséquilibre, un désordre entre le progrès des facultés individuelles et leur application.

La discussion élémentaire du bonheur portant sur deux catégories d'êtres humains placées l'une dans le degré le plus bas de l'inconscience, l'autre à son degré le plus élevé, n'a pas lieu d'exister. Du moment qu'il y a équilibre entre les qualités de l'être et leur application, la Paix est de rigueur.

Le mal, la souffrance, naît de leur désaccord. Cette raison apparaît clairement dans la vie des désincarnés situés dans un monde inférieur. Tous sont heureux lorsqu'ils ne sont pas conscients d'un état plus perfectionné. Qu'une éclaircie se manifeste dans la substance où ils vivent et, immédiatement, ils établissent une comparaison. La souffrance est née. Tant qu'ils n'auront pas détruit les chaînes d'affinité les retenant prisonniers dans le monde où ils vivent, leur inquiétude douloureuse s'amplifiera du regret de leurs actes passés.

Cette douleur de ne pouvoir satisfaire une vie plus complète, plus grande, plus conforme à nos tendances, démontre amplement sa nécessité. Toutes les expressions à l'aide desquelles nous idéalisons nos désirs intuitifs n'ont de valeur que par rapport à l'état de conscience qui y correspond. Vouloir donner à quelqu'un les sensations, les impressions se dégageant d'un état de conscience qu'il n'a jamais éprouvé est un véritable non-sens. La logique, la raison veulent que nous lui donnions les moyens de réaliser un degré plus élevé de compréhension dans la hiérarchie des Causes et des Principes, afin qu'il puisse éprouver le bonheur correspondant.

Par ces déductions de l'expérience, il est facile de se rendre compte de l'influence collective sur la progression du bonheur.

Tous les procédés ayant pour but de dogmatiser des idées, des sentiments ou des faits sur un ordre de choses préétabli entravent la croissance du bonheur.

Toutes les organisations ayant pour but l'établissement d'une Paix durable, d'un plus grand équilibre social, d'une organisation plus rationnelle, doivent tendre à une plus grande liberté de pensée.

En donnant à tous l'instruction nécessaire pour juger librement l'on fait davantage pour le bonheur d'un peuple qu'en le nourrissant de dogmes et de paradoxes.

Entre un jugement libre et un jugement faux, il y a une différence énorme. Le premier entraîne des répercussions sur son auteur qui rectifiera de lui-même lorsqu'il en comprendra les réactions douloureuses. Le second provoque une cristallisation, un arrêt général dans la mise en œuvre des efforts nécessaires à l'établissement d'un équilibre plus conforme à notre évolution psychologique.

Il est donc complètement inutile de discuter sur la priorité d'un procédé, d'une méthode spéciale conduisant au bonheur. Tous les moyens utilisant le raisonnement logique sont bons, si l'on ne s'entête pas sur des idées que l'on connaît imparfaitement.

La méditation, la réflexion, décomposant les idées en leurs principes élémentaires pour les reconstituer ensuite, est une des méthodes les plus efficaces pour tout le monde.

La vie supérieure possède des éléments dont la certitude n'est pas douteuse. L'Évolution est la chose la plus aisée à concevoir. C'est un ordre naturel, dans le développement de la conscience, vers lequel conduit nécessairement l'observation des faits de l'existence quotidienne.

CERTITUDE DANS L'EFFORT PERSONNEL

Lorsque l'on examine la conduite de chacun, l'on remarque la pauvreté des efforts accomplis en vue d'un perfectionnement. La majorité se laisse guider par des appétits, par l'enchaînement des événements particuliers et généraux de la vie sociale. Bien peu se soucient de remonter le courant et de créer à leur usage personnel un ordre de choses conforme à une vie meilleure.

L'examen des conditions de vie dans l'invisible nous apprend que la nature est un réservoir d'énergie dans lequel l'être humain n'a qu'à puiser pour développer des facultés supérieures à l'évolution actuelle.

Tant que l'individu ne s'organise par lui-même, il est astreint aux réactions particulières et générales des événements. La loi de l'équilibre ne s'occupe pas de la souffrance. Sous des formes multiples, chacun peut discerner les qualités qu'il lui faut développer pour maîtriser les conditions défavorables de l'existence.

Le premier principe de cette organisation, de cette réforme personnelle, est la « confiance ». Quels que soient les déboires de l'existence, il ne faut jamais perdre courage et conserver une confiance inébranlable dans les lois de la vie. Il faut penser que l'Harmonie, l'Équilibre, l'Ordre composent l'Univers dans ses fractions les plus intimes. Si nous mettons en œuvre, dans notre vie personnelle, les mêmes éléments, nous devons parvenir fatalement à des résultats plus conformes à nos désirs.

La souffrance morale étant le résultat d'un déséquilibre entre nos désirs, nos pensées, nos sentiments et nos obligations sociales, l'organisation de nos affections et de nos tendances la fait disparaître. Par la même occasion, l'organisme physiologique se trouve soumis à une discipline plus sévère et la maladie est moins accessible.

Le second principe d'une vie harmonieuse est la « bienveillance ». Puisque l'on a établi en soi la confiance dans les lois de la vie, il n'y a pas de raison pour en vouloir aux gens moins avancés. Laissons les caractères hargneux, méfiants se créer des complications dans leur existence. C'est pour eux qu'ils travaillent en somme. Quant à l'égoïsme, l'orgueil, la vanité, ce sont des défauts tellement répandus qu'il serait vain de vouloir les éliminer de son entourage. La bienveillance nous met à l'abri des mauvaises langues, elle nous protège de l'envie, elle nous fait supporter les mille et un défauts que nous discernons autour de nous.

La troisième condition pour réussir est de penser sans cesse au résultat à obtenir. L'homme est un être essentiellement pensant. L'association de ces images, que l'on nomme idées, n'a pas de limites. Lorsqu'elles ont franchi les dimensions successives de l'espace où nous vivons, elles s'unifient avec le principe même de l'énergie dont elles représentent des formes de réalisation.

Pour obtenir des résultats vigoureux, la pensée bienveillante doit être guidée. C'est une force qu'il faut diriger consciemment avec bon sens et logique. Ce serait une erreur de penser qu'il faut mener un genre de vie spécial pour aboutir à un résultat.

Les anciens mystères initiatiques, les épreuves occultes, les paroles magiques étaient adaptés à des états de conscience qui n'auraient pu se développer d'une autre façon. Tous les moindres faits de l'existence peuvent servir de tremplin à l'évolution de nos facultés. Dans sa sphère d'action, chacun peut progresser aussi facilement que dans les temples de Memphis. Il suffit de concentrer sur un seul motif la variété de pensées et de désirs qui nous hantent. Dans le cas qui nous occupe, ce motif doit être une idée de Progrès, d'Évolution. Il faut considérer tous les événements bons ou mauvais comme une leçon d'où nous avons à tirer un enseignement utile au progrès que nous voulons faire.

Notre état social ne répond pas à notre affection, patientons et cherchons à l'accomplir le mieux possible. Fatalement, il s'améliorera. Nous avons des déboires avec notre entourage familial ou social, restons fermes dans notre bienveillance. Quelques vérités émises à propos élimineront les sots supérieurs et inférieurs gravitant autour de nous. La bêtise humaine est une mine de documents que nous utiliserons à notre amélioration.

L'habitude d'envisager les moindres détails de la vie pour en tirer des déductions utiles à notre perfectionnement développera en nous des qualités d'observation qui s'agglomèreront et provoqueront l'éclosion de facultés nouvelles. C'est à chacun d'utiliser ces facultés dans le sens qui lui convient. Quels qu'ils soient, nous savons d'ores et déjà que tous conduisent au même but de perfection.

Pour se rendre compte si l'on ne fait pas fausse route, il y a un moyen bien simple de se contrôler. Nous avons vu que l'attraction est le principe universel reliant l'énergie humaine à l'énergie cosmique. Multiples dans les états inférieurs de la substance, toutes les formes de l'attraction s'unifient dans les états supérieurs pour devenir à la fois Unité Multiplicité chez l'Être parfait.

Si le travail de réorganisation a été bien conduit, l'on doit constater la présence d'une attraction générale de l'Être vers un Bien collectif. Cette tendance attractive est entourée de quiétude et de paix. En s'accentuant, l'intérêt personnel se transforme en intérêt joyeux, puis en amour vers les directives du Bien, du Beau et du Vrai. Jusqu'au moment où l'Être humain s'identifie avec son Principe conscient dans un amour universalisé des êtres et des choses.

CERTITUDES ET PROBABILITÉS

Quoique j'aie éliminé le plus possible les termes pouvant prêter à une équivoque, il n'est guère facile de donner une définition dogmatique des forces en action dans l'Univers, mais il est utile de préparer la conscience à la réalité expérimentale.

Si l'on envisage le mécanisme de cette organisation, l'on peut dire que le dédoublement personnel ouvre les portes d'une expérimentation rigoureuse dans un nouveau champ d'activité.

Avec son aide tous les phénomènes métapsychiques peuvent être étudiés scientifiquement. La transformation des forces peut être contrôlée d'une manière directe. Toutes les manifestations des vivants et des morts deviennent de nouveaux sujets d'étude. Toutes les formes, tous les modes de la pensée peuvent être examinés sur place, c'est le cas de le dire.

Et pour cela trois opérateurs suffisent. Le premier qui se dédouble dans la pièce où l'on réalise les expériences de physique ou de métapsychisme à contrôler. Le second opérateur magnétise un sujet chargé de transmettre de part et d'autre toutes les indications et les observations utiles.

Ce contrôle direct dans la dimension où se produisent les phénomènes est appelé à nous rendre des services inappréciables. La composition de l'atome, la constitution des corps, l'association et la dissociation des grains d'énergie vont nous ouvrir de nouvelles perspectives sur l'origine de la substance.

Ces analyses vont nous permettre d'aborder plus intimement les mystères de la vie. L'action des médicaments étudiée par ce procédé peut nous donner de précieuses indications sur la guérison de la maladie. L'élixir de longue vie, la pierre philosophale vont devenir des réalités. Le principe même du dédoublement personnel est accessible à la Science. Dans cet ouvrage, j'insiste sur le développement psychologique et moral parce que j'envisage la possibilité pour l'étudiant de pénétrer d'autres mondes sans inconvénient. D'ailleurs, utiliser une nouvelle forme d'énergie sans un développement moral augmenterait le désordre et serait préjudiciable à tout le monde. Mais au point de vue phénoménal, l'on peut dire qu'il est possible de déterminer scientifiquement le mécanisme physiologique du dédoublement personnel et de connaître les adjuvants capables de réagir suivant les tempéraments pour que tout le monde puisse se dédoubler.

Ainsi il n'est pas ridicule d'imaginer dans l'avenir, un médium ordonnant à son patient un régime spécial destiné à modifier son potentiel radio-actif. Celui-ci n'aura plus qu'à se placer dans un milieu ionisé avec des couleurs, des parfums, des radiations convenables pour créer une atmosphère favorable à son tempérament lui permettant de se dédoubler automatiquement.

La certitude du dédoublement ne fait donc aucun doute. Elle s'impose aux plus incrédules. Supposer que j'ai pu imaginer tous les détails de ces expériences serait m'attribuer des qualités plus parfaites que celles qui sont nécessaires pour se dédoubler.

Une seconde certitude s'impose pour tous ceux qui entrent en relation avec l'invisible. C'est la certitude de l'évolution de la Conscience à laquelle est attaché l'état le plus parfait d'un bonheur sans nom. Dans cette certitude sont renfermées toutes les autres. C'est donc une des plus importantes à acquérir. Pas à pas j'en ai vécu les transformations. J'ai pénétré, en tâtonnant, les états successifs de la conscience, ils m'ont amené à l'immersion dans la Conscience cosmique.

Je puis donc affirmer sans crainte que l'Évolution est la loi générale de tout être vivant. Je vous ai cité quelques caractéristiques observées sur place : Bonheur sans nom. Bien-être et liberté absolus. Amour parfait dans une stabilité à la fois individuelle et universelle. Unité de conscience. Multiplicité de pouvoirs. De cette certitude en découle évidemment beaucoup d'autres : Inexistence de la mort. Suprématie certaine du Bien, de l'Ordre, à tous les degrés d'évolution. Certitude de l'Immortalité dans un éternel Présent. Inexistence du Temps et de l'Espace. Et combien d'autres qu'il serait puéril de détailler davantage.

Que reste-t-il à connaître ? Des détails de poids et de mesure. Nature intime de l'Énergie et de la Substance. Démarcation des états de l'espace, leurs quantités, leurs grandeurs, leurs dimensions, leurs possibilités, leurs moyens de pénétration. La nature exacte du double et de la conscience. Voilà un lot de questions sur lequel nous n'avons que des probabilités. Mais leur importance est secondaire puisque nous avons le moyen de les étudier.

J'estime qu'en toute chose, il faut souvent en considérer le résultat. L'essentiel n'est pas d'argumenter à l'infini, mais de comprendre les rapports qui nous unissent à la nature, aux lois de la vie, de l'équilibre, aux principes de l'ordre universel. Les définitions n'ont de valeur que par la compréhension de ces rapports. Une fois que l'Individualité en a pris conscience, que lui importe la relativité des mots! Ne sait-elle pas qu'à tout moment elle sera capable de reproduire les mêmes phénomènes en mettant en jeu les lois, les rapports dont elle a conscience?

Toutes les questions de certitude reposent sur la conscience progressive des Causes et des Principes. Quant aux expressions qui la définissent, elles sont multiples, car elles s'adaptent au degré d'évolution de l'Individualité.

Prenons un exemple. La certitude de mes observations dans les différents degrés de l'éther me permet d'imaginer la constitution schématique de l'univers, sans connaître à fond la nature intime de la substance. Quelle que soit l'hypothèse que je forme, l'ensemble restera vrai, parce que je chercherai à adapter mes connaissances terrestres au processus que j'ai observé.

Pour fixer les idées, considérons une substance vierge, éther impalpable, dont les grains d'énergie sont en équilibre indifférent, en dehors de toute pression, dans un sens quelconque, que les atomes soient éloignés d'un mètre ou d'un kilomètre, peu importe, c'est l'Infini dans lequel Temps et Espace n'existent pas.

Supposons qu'à l'aide de la force pensée, j'exerce une pression. Quel que soit le sens de cette attraction, je crée immédiatement une limite. L'intensité de la force centripète sera proportionnelle à mon action qui aura déterminé l'idée de durée, d'espace, de matière. Que je cesse d'agir et, en revenant à leur état normal, les atomes créent la notion de force centrifuge, l'aspect matière se transforme et est remplacé par la qualité force.

L'on peut encore imaginer un pendule repoussant la substance à un point maximum de compression et revenir à son point de départ moins une fraction d'usure. Qu'une impulsion restitue à chaque fois cette usure causée par la résistance du milieu ambiant, et les notions scientifiques d'énergie potentielle et d'énergie de mouvement suffisent à entretenir la stabilité de l'Univers. Quant au rapport existant entre le point de suspension et l'extrémité du pendule, il représentera le rapport constant entre l'Absolu et le Relatif. Quelle que soit la grandeur d'une circonférence ou d'une sphère, tout le monde sait que le rapport de la circonférence d'un cercle à son diamètre est un nombre invariable.

Les notions d'équilibre en chaque point de l'espace peuvent également être figurées d'une façon schématique. Supposons que la quantité de substance d'un Univers soit égale à cent unités. Nous pourrons considérer l'extrémité matière possédant 99 parties de matière et 1 partie force. Réciproquement, nous aurons 99 parties de force et 1 partie matière à l'extrémité opposée. Mais dans toutes les fractions de cet Univers, nous aurons toujours cent unités avec une proportion variable dans les aspects force et matière. D'où les notions d'équilibre constant et de transformation d'énergie.

Quelle que soit la part d'illusion de ces hypothèses, j'aboutirai toujours aux mêmes points essentiels de l'expérience :

1. Une même substance, éternelle, se présentant sous les aspects variables de Matière et de Force ;
2. Un équilibre constant en chacun des états ;
3. Une énergie resserrant les atomes vers un Centre, côté Matière ;
4. Absence de compression, côté Force ;
5. Possibilité pour l'Âme humaine de pénétrer dans chacun des états de la substance, qui apparaît lourde et obscure côté Matière, légère et lumineuse côté Force ;
6. Enfin, Unité de sensations conscientes, considérant le côté Matière comme un emprisonnement de toutes les facultés avec un minimum de satisfaction, et le côté Force comme une liberté absolue d'actions avec un maximum de satisfactions.

Ne vous appesantissez donc pas outre mesure sur l'importance des définitions données au cours de cet ouvrage. Mais attachez-vous à saisir les rapports qui s'en dégagent. À chaque pas que vous ferez dans cette voie, vous comprendrez mieux pourquoi et de quelles façons la Conscience est une Unité de Vie capable de s'exprimer dans une Multiplicité de Formes.

Ne cherchez pas si l'humanité va vous suivre dans vos déductions. Ces études ont ceci de particulier, c'est qu'en travaillant pour vous, vous ouvrez aux autres un nouveau champ d'expériences. Vous contribuez donc pour votre part à répandre un peu plus de Paix dans le monde. Que chacun en fasse autant et l'Évolution ne sera pas un vain mot.

Discovery Publisher

Les Éditions Discovery est un éditeur multimédia
dont la mission est d'inspirer et de soutenir la
transformation personnelle, la croissance spirituelle et
l'éveil. Avec chaque titre, nous nous efforçons de préserver
la sagesse essentielle de l'auteur, de l'enseignant spirituel,
du penseur, guérisseur et de l'artiste visionnaire.

www.ingramcontent.com/pod-product-compliance
Lightning Source LLC
Chambersburg PA
CBHW021111090426
42738CB00006B/599